Diese Arbeit ist gewidmet

Pim van Lommel für seine großartige und interessante
Arbeit auf dem Gebiet der Nahtodforschung,

den Menschen, die mich beim Schreiben unterstützt
und motiviert haben

und

allen, die ihr Leben besser verstehen wollen.

Hinter den Kulissen der Welt, ewige Ruhe?

Eine Analyse von Nahtoderfahrungen und Jenseitsberichten

Hedi Meierhans

© tao.de in J. Kamphausen Mediengruppe GmbH, Bielefeld

1. Auflage 2014

Autorin: Hedi Meierhans
Umschlaggestaltung, Illustration: tao.de
Umschlagfoto: Hedi Meierhans
Lektorat, Korrektorat: sinntext, München
Innenlayout: Kirstin Dreimann, tao.de

Printed in Germany

Verlag: tao.de in J. Kamphausen Mediengruppe GmbH, Bielefeld, www.tao.de, eMail: info@tao.de

Bibliografische Information der Deutschen Nationalbibliothek: Die Deutsche Nationalbibliothek verzeichnet diese Publikation in der Deutschen Nationalbibliografie; detaillierte bibliografische Daten sind im Internet über http://dnb.d-nb.de abrufbar.

ISBN: 978-3-95529-342-0

Das Werk, einschließlich seiner Teile, ist urheberrechtlich geschützt. Jede Verwertung ist ohne Zustimmung des Verlages unzulässig. Dies gilt insbesondere für die elektronische oder sonstige Vervielfältigung, Übersetzung, Verbreitung und sonstige Veröffentlichungen.

Inhaltsverzeichnis

1. Einleitung 9

2. Nahtoderfahrungen (NTE) 11

   Was ist eine NTE? 12
   Die 12 Elemente einer NTE 15
   Beispiele von NTEs nach den intensivsten
   Elementen 18
   Was für im Gesundheitswesen Tätige wichtig
   ist im Umgang mit Nahtoderfahrenen 107
   Forschungen auf dem Gebiet der
   Nahtoderfahrungen 109

3. Analyse der oben erwähnten
Nahtoderfahrungen 112

   Abschließend zu diesem Kapitel 129

4. Sterbebett-Visionen 132

5. Jenseitsberichte 134

6. Was sagen Naturwissenschaftler zur Unsterblichkeit der Seele und zu Gott? 160

7. Schlussfolgerungen und Diskussion.....173

8. Ein lebendes Beispiel von Reinkarnation und Karma..186

Nachwort..210

Danksagung..212

Literatur...213

Verweise 217

1. Einleitung

Schon in jungen Jahren habe ich mich mit dem Thema „Leben nach dem Tod" auseinandergesetzt. Hauptsächlich, weil ich Klarheit darüber haben wollte, wie realistisch die Berichte über dieses Phänomen sind – und, ganz pragmatisch gesehen – weil ich unsicher darüber war, was ich Patienten sagen könnte, die nicht mehr leben wollen.

Auf meiner Suche nach Antworten las ich das Tibetische und das Ägyptische Totenbuch, das Zeugnis des Lichts von Helen Greaves, das für mich zum Standardwerk wurde, habe mich mit Anthroposophie befasst und mit östlicher und westlicher Religionsphilosophie. Darüber hinaus beschäftigte ich mich mit Raymond A. Moody und Elisabeth Kübler-Ross. Durch das Buch "Endloses Bewusstsein" des holländischen Kardiologen Pim van Lommel wurde ich mit dem heutigen Stand der Nahtoderforschung konfrontiert.[1] Nach dem ich auch die neuere Literatur ausgiebig studiert habe, komme ich zu dem Schluss, dass heute eigentlich alles Wissen für ein neues

Verständnis des menschlichen Bewusstseins vorhanden ist. Die alten Ideologien sind entlarvt und es könnten neue, entscheidende gesellschaftliche und politische Impulse gesetzt werden. Der Paradigmenwechsel ist theoretisch da – aber praktisch ist er noch nicht durchgeführt.

Ich möchte daher einen Überblick geben über das, was hinter den Kulissen der materiellen Welt tatsächlich geschieht. Der Zugang ist primär die persönliche spirituelle Erfahrung. Ich stimme Teilhard de Chardin zu, wenn er sagt: „Wir sind keine menschlichen Wesen, die das Spirituelle erfahren; wir sind spirituelle Wesen, die das Menschliche erfahren."[2] Wenn diese subjektiven Erfahrungen aber verglichen werden und man immer wieder gleiche Elemente findet, bekommen sie eine gewisse Objektivität, d. h., man zieht induktive Schlüsse. Ich möchte daher eine genügende Anzahl an Beispielen anführen, bei denen sich die gleichen Phänomene wiederholen. Ich habe gut recherchiert, damit der Leser selbst nachvollziehen kann, warum ich zu gewissen Schlüssen und Erkenntnissen komme, von denen ich glaube, dass sie für die Richtung, in die sich die Menschheit weiter entwickelt, von Bedeutung sind. Ich beginne mit den Nahtoderfahrungen, da diese heute gut erforscht sind.

2. Nahtoderfahrungen (NTE)

Nach der prospektiven Studie von Pim van Lommel machen 18 Prozent der reanimierten Patienten eine NTE. Damit einer geht eine persönliche Transformation, die Patienten ohne NTE nicht erleben. Millionen von Menschen auf der ganzen Welt haben bereits eine Nahtoderfahrung gemacht. Sie wird von vielen als die tiefgreifendste seelisch-geistige Erfahrung beschrieben, die sie jemals erlebt haben. Eine Erfahrung, die alles andere an Erleben und Erfahren in den Schatten stellt.

Die Forschungen auf diesem Gebiet geben Einblick in die Funktion unseres Bewusstseins und stellen die bisherige diesbezügliche Auffassung auf den Kopf. Wir sind so geprägt von Naturwissenschaften und ihren Definitionen, dass wir nur das akzeptieren wollen, was in diesen naturwissenschaftlichen Rahmen passt – bis wir selbst eine Erfahrung machen, die es nach herrschender Auffassung eigentlich nicht geben kann. Albert Einstein sagte bezeichnenderweise: "Es ist schwieriger eine vorgefasste Meinung zu zertrümmern, als ein Atom."[3]

Was ist eine NTE?

Nahtoderfahrungen hat es schon immer gegeben, doch wird heute, in einer Zeit, in der dank hochtechnisierter Medizin mehr Patienten reanimiert werden und überleben, viel häufiger von ihnen berichtet. Es gibt Dokumente, die bis in die Zeit von Platon zurückreichen. Dietmar Czycholl hat sich mit den Nahtoderfahrungen in der Weltliteratur beschäftigt.

Ich möchte im Jahr 1871 beginnen und die Nahtoderfahrung des Geologen Prof. Albert Heim anführen, die er laut Jahrbuch des Schweizer Alpenclubs XXVII. 1892, machte. Prof. Heim begann später Berichte dieser Phänomene, vor allem in seinem Alpinisten-Umfeld, zu sammeln.

In seinen Notizen über den Tod durch Absturz schreibt er:

„Als eine Truppe guter Berggänger stiegen wir 1871 am Säntis gegen die Seealp hinab, da brachte mich eine Bewegung zu Fall, ich fuhr auf dem Rücken nach unten über den Fels und flog schließlich nach ca. 20 Meter frei durch die Luft. Was ich in den 5 bis 10 Sekunden erlebte, kann man in 10-mal mehr Minuten nicht erzählen. Alle

Gedanken und Vorstellungen waren zusammenhängend und sehr klar, keineswegs traumhaft verwischt. Zunächst übersah ich die Möglichkeit meines Schicksals. (…) Ich dachte daran, die Brille wegzunehmen und fortzuwerfen, damit mir nicht etwa die Splitter die Augen verletzten. Dann sah ich, wie auf einer Bühne aus einiger Entfernung, mein ganzes vergangenes Leben in zahlreichen Bildern sich abspielen. Ich sah mich selbst als die spielende Hauptperson. Alles war wie verklärt von einem himmlischen Licht, und alles war schön und ohne Schmerz, ohne Angst oder Pein. Erhabene und versöhnende Gedanken verbanden die einzelnen Bilder. Eine göttliche Ruhe zog wie herrliche Musik durch meine Seele. Dann hörte ich ein dumpfes Aufschlagen und mein Sturz war zu Ende."

Raymond Moody ordnet den NTEs 12 Elemente zu, die immer wieder vorkommen, wenn auch nicht immer alle zur selben Zeit. Im Beispiel Albert Heims lässt sich vor allem das Element des Lebensrückblicks erkennen. In der Beschreibung der verschiedenen Elemente ist man sich ziemlich einig, dennoch konnte man sich bisher noch nicht auf eine einheitliche Definition festgelegt. Als eine gut formulierte Definition erscheint mir die von Bruce Greyson:

„Nahtoderfahrungen sind tief gehende psychische Ereignisse mit transzendenten und mystischen Elementen, die vor allem bei Menschen auftreten, die dem Tode nahe sind oder sich in einer Situation ernster körperlicher oder emotionaler Gefährdung befinden."[4]

Nach Pim van Lommel, holländischer Kardiologe und Nahtodforscher, umfassen Nahtoderfahrungen alle aus der Erinnerung geschilderten Eindrücke, die während eines außergewöhnlichen Bewusstseinszustandes, mit den charakteristischen Elementen wie der Erfahrung des Tunnels, des Lichtes, des Lebenspanoramas etc. vorkommen.

Dieser außergewöhnliche Bewusstseinszustand ist meines Erachtens nach vor allem durch den Aspekt der Zeitlosigkeit definiert. Er scheint außerhalb unserer räumlichen und zeitlichen Wahrnehmung zu liegen. Unser Bewusstsein findet gewissermaßen ein Fenster, um die fünf Sinne zu transzendieren.

Die medizinische Diagnose ist wichtig, weil man hofft, den Ursachen einer NTE näherzukommen. Vor allem ein flaches EKG und EEG zeigen, dass diese Erfahrung nicht im Bereich unserer fünf Sinne liegt. Auch wenn im Hirnstamm noch gewisse Aktivitäten vorhanden wären, so zeigt das EEG doch nicht die Situation eines Wachbewusstseins. Andererseits erleben auch Menschen, die nicht in Todesnähe sind Elemente, die man bei den NTEs findet. Daher erscheint mir der Aspekt der Zeitlosigkeit als ein sehr wichtiger.

Die 12 Elemente einer NTE

In seinem 1975 erschienenen Buch beschrieb Raymond Moody 12 Elemente, die Nahtoderfahrungen charakterisieren:[5]

E1. Das Unaussprechliche der Erfahrung

E2. Gefühle des Friedens und der Ruhe, Schmerzlosigkeit

E3. Die Erkenntnis, tot zu sein

E4. Die außerkörperliche Erfahrung (AKE): Bei einer Operation oder Reanimation wird der eigene Körper von oben oder außen wahrgenommen

E5a. Der dunkle Raum, in dem die Betroffenen ein Licht sehen, das sie anzieht

E5b. Der anschließende Tunnel, den sie häufig mit großer Geschwindigkeit durchfliegen

E5c. 1 bis 2 Prozent der Betroffenen kommen nicht über den unter E5a genannten dunklen Raum hinaus und erleben manchmal die Gegenwart furchteinflößender Monster

E6. Wahrnehmung einer außerweltlichen Umgebung, einer wundervollen Landschaft mit herrlichen Farben, Blumen und manchmal auch Musik

E7. Begegnung und Kommunikation mit Verstorbenen

E8. Begegnung mit einem strahlenden, intensivweißen Licht, das in der Regel nicht blendet, oder einem Wesen aus Licht. Die Erfahrung vollkommener Akzeptanz und bedingungsloser Liebe. Man tritt mit tiefem Wissen und Weisheit in Kontakt

E9. Lebenspanorama oder Rückblick auf den Verlauf des Lebens seit der Geburt. Man überblickt das ganze Leben in einem Augenblick, es gibt weder Zeit noch Distanz, alles ist gleichzeitig. Man kann tagelang darüber sprechen, aber der eigentliche Prozess dauerte nur Sekunden bis Minuten

E10. Vorausschau oder „Flash Forward", man hat das Gefühl, einen Teil des Lebens, das noch vor einem liegt, zu betrachten, auch hier ohne Zeit und Distanz

E11. Das Wahrnehmen einer Grenze, man erkennt, dass nach dem Überschreiten dieser Grenze keine Rückkehr in den eigenen Körper mehr möglich ist

E12. Die bewusste Rückkehr in den Körper, nach der Rückkehr in den kranken Körper empfindet man eine tiefe Enttäuschung darüber, dass man wieder hier sein muss.

Meinen eigenen Erfahrungen nach möchte ich an dieser Stelle noch ein weiteres Element hinzufügen:

E13. Heilung oder Linderung von körperlichen Krankheiten

Das Beispiel von Albert Heim weist mindestens die Elemente E1, E2, E9 und E12 auf.

Diese Elemente lassen sich häufig bei sogenannten Absturz-NTEs beobachten. Etwas anders verteilen sich die Elemente auf Situationen, in denen Menschen vor der NTE krank waren oder im Koma lagen. Kinder, die kurz vor dem Ertrinken sind, sehen oft ganz friedliche Bilder aus ihrem Leben.

Ein Bekannter sah sich als Kind in der Stube beim Vater sitzen und spielen, er sah eine ganze Serie an Bildern von seinem zu Hause. Als meine Schwester beinahe ertrank, befand sie sich plötzlich im Lebensrückblick. Sie sah sich im Garten, an einem Platz, der ihr immer gut gefiel, den Tisch decken. NTEs stellen sich also ebenso bei gesunden wie bei schwer kranken Menschen ein.

Ein wichtiges Kriterium ist die Tiefe der Erfahrung. Kenneth Ring hat den Weighted Core Experience Index (WCEI) eingeführt. Ein Punktewert von 0–6 auf dieser Skala entspricht nach Ring noch nicht einer NTE, 6–9 einer NTE mäßiger Tiefe, während Werte zwischen 10 und 29 als tief bzw. sehr tief gelten. Bruce Greyson hat dieses Verfahren verändert, um bei retrospektiven Studien falsche positive Elemente auszuschließen. Diese Skalen sind relevant um vergleichbare Studien zu ermöglichen.[6]

Beispiele von NTEs nach den intensivsten Elementen

Strahlendes Licht (E5a) und Tunnelerlebnis (E5b)

Liselotte verlor während der Geburt ihrer ersten Tochter viel Blut. Außerdem hatte sie eine Nierenbeckenentzündung und starke Schmerzen. In einem Augenblick, an dem sie das Bett verlassen wollte, erlebte sie Folgendes: „Plötzlich war alles schwarz, ich trudelte in eine Art Röhre, dann sah ich ein gleißend weißes, nicht blendendes Licht. Es war sehr schön und friedlich, ich hätte nicht mehr weg wollen. Dann hörte ich, wie von Ferne, eine Stimme: ‚Wir haben sie wieder'. Dann waren auch die Schmerzen wieder da."

Eine Frau erzählte 1981 in einem Interview im ORF-Nachtstudio, sie sei als 5-jährige als Wasserleiche nach Hause gebracht worden. Die Eltern waren schockiert und wollten sich mit ihrem Tod nicht abfinden. Ihr Vater reanimierte sie, bis er ohnmächtig wurde – aber sie kam wieder zu Bewusstsein.

„Ich war Teil eines wunderbaren weißen Lichtes. Ich fühlte mich sehr glücklich, aber das Zurückkommen war schlimm."

Seither habe sie nie mehr Angst vor dem Tod gehabt und würde sich auch nicht mehr einsam fühlen. Sie habe eine ganz andere Lebenseinstellung.

Carol ist Hospizkrankenschwester. Sie war bereits Krankenschwester, als sie ihre NTE machte, und entschloss sich später, aufgrund dieser Erfahrung, als Hospizkrankenschwester zu arbeiten. Vor 20 Jahren erlitt Carol einen Herz- und Atemstillstand und war klinisch tot. Damals war sie Mitte 30. Sie berichtet: "Ich war 3 Minuten klinisch tot. Ich löste mich von meinem Körper. Mein Geist flog einfach nach oben und ich war über meinem Körper, etwas seitlich davon. Auf dem Monitor war eine flache grüne Linie. Ich sah das und sah auch, dass die Schwestern elektrische Leitungen an meinem Brustkorb anbrachten, um mich wiederzubeleben. Eine Schwester sagte: ‚Oh mein Gott, er hat sie verloren! Er hat sie verloren!' Der Arzt schrie dagegen: ‚Es war alles nur Routine. Wie konnten wir sie verlieren?' So sah ich zu, wie sie meinen Körper bearbeiteten. Ich war nicht beunruhigt, ich hatte keine Angst. Ich war sehr gelassen, sehr ruhig, sehr entspannt. Ich fühlte mich sehr wohl. Als Nächstes dann war ich in diesem Tunnel. Es war kein dunkler, schmutziger, angsteinflößender Tunnel. Es wurde heller und heller. Ich ging immer weiter nach oben auf dieses sehr, sehr helle Licht zu. Das Licht war blau und weiß. Ich glaube,

Geistwesen begleiteten mich. Ich fühlte mich nicht allein, ich fühlte mich geleitet.

Dann sah ich ein ziemlich schwaches Gesicht, ein Männergesicht. Darauf hörte ich mich zu ihm sagen: ‚Ich möchte mit Dir gehen, er (ich meinte damit meinen Mann) wird sich um die Mädchen kümmern.' ‚Du wirst dich um die Mädchen kümmern, deine Zeit ist noch nicht gekommen.' Dann wachte ich auf und war zurück auf dem OP-Tisch."[7]

Das Erfahren der Dunkelheit und manchmal furchterregender Wesen (E5c)

Howard Storm lag während einer Studienreise neun Stunden mit einem Durchbruch des Duodenums in einem Pariser Krankenhaus. Für den Kunstprofessor war diese Zeit wie eine Folter. Die in die Bauchhöhle austretende Säure schien ihn wie ein Feuer von innen zu verbrennen. Schmerzmittel bekam er nicht. Angst, Wut, Schmerzen und schließlich Erschöpfung zeichneten ihn. Howard Strom glaubte weder an Gott noch an Himmel oder Hölle. Aber das hier war die Hölle. Er wollte aufgeben und driftete in die Dunkelheit ab, sehnte sich nach Auslöschung. Doch da sah er sich aufstehen und zwischen zwei Betten im Krankenzimmer stehen. Er sah seinen Zimmergenossen und seine Frau an seinem Bett sitzen. Erschreckt blickte er auf seine „Hülle" im Bett neben ihm. Eigentlich kümmerte ihn dieser Körper nicht mehr. Er wollte mit seiner Frau Kontakt aufnehmen, aber sie sah und verstand ihn nicht. Zuletzt schrie und fluchte er, aber es kam keine Reaktion. Er sah alle Details im Krankenzimmer und fragte sich, wie das sein könne. Außerhalb des Zimmers hörte er Stimmen rufen: „Howard, Howard, komm, beeil dich." Er sagte, er sei krank. Sie meinten, sie könnten ihn heilen, er solle sich beeilen. Er war irritiert, aber ging in den Gang, der jetzt merkwürdig aussah. Als er den Gang betrat, fühlte er sich ängstlich. Es war so, als würde man in einem Flugzeug sitzen und gerade durch eine dicke Wolkenschicht fliegen. Er kam immer tiefer und tiefer in eine Art Nebel. Die Menschen, die er wahrnahm, waren in einem gewissen Abstand vor ihm und er konnte sie nicht deutlich sehen. Howard hatte den Eindruck, ihnen nie näher als etwa 3 Meter zu kommen. Er fragte sich, was sie von ihm wollten, wohin dieser Gang ihn führen würde und was mit seiner Frau sei. Aber sie antworteten ihm, seine Sorgen seien unnötig. Jedes Mal wenn er zögerte, sagten sie ihm, er solle sich beeilen, alle seine Probleme würden gelöst. Es wurde immer dunkler und er wurde immer misstrauischer. Er sagte: „Ich bin krank, ich kann nicht mehr." Dann wurden sie zunehmend ärgerlich und sarkastisch und redeten über ihn, aber er konnte es nicht recht verstehen.

Vor einer gefühlten Ewigkeit im Krankenzimmer hatte er gehofft, zu sterben und die Qualen des Lebens zu beenden. Nun aber wurde er von einem Mob gefühlloser Leute unter Zwang an ein unbekanntes Ziel geführt. Es wurde immer dunkler, jetzt begannen sie auch zu schimpfen und ihm beleidigende Worte zuzurufen, immer verbunden mit der Aufforderung, sich schneller zu bewegen. Je elender er sich dabei fühlte, umso mehr Vergnügen zeigten sie an seiner Not. In ihm wuchs ein schreckliches Gefühl von Unbehagen.

Die Hoffnungslosigkeit seiner Situation überwältigte ihn. Er kündigte an, er gehe nicht mehr weiter, weil sie Lügner seien. Darauf schrien sie ihn an und beleidigten und schubsten ihn herum. Er begann zurückzuschlagen, dabei entwickelte sich ein wildes Getümmel. Sie bissen und schlugen ihn und rissen Stücke seines Fleisches aus seinem

Körper. Zu seinem Entsetzen wurde ihm klar, dass er wie lebendig aufgefressen wurde. Er fühlte aber keine Schmerzen während des Kampfes. Diese Kreaturen waren einst Menschen gewesen. Jetzt waren sie ohne jede Spur von Mitleidsfähigkeit. Schließlich fühlte er sich zu verletzt und gebrochen, um noch Widerstand zu leisten. Die meisten der Gestalten gaben daraufhin auf, weil es ihnen so keinen Spaß mehr zu machen schien. Dann, als Howard auf dem Boden lag, die Peiniger um ihn herum tanzten, kam eine Stimme aus seiner Brust, die sagte: "Bete zu Gott." Er weigerte sich: „Warum?", dachte er, „Was für eine bescheuerte Idee. Das nützt doch nichts." Zum zweiten Mal sagte die innere Stimme: „Bete zu Gott." Zunächst wusste Howard nicht, wie. Wie solle er beten? Dann fielen ihm Gebete aus seiner Kindheit ein und er begann zaghaft damit, sie aufzusagen. Zu seinem Erstaunen wurden diese grausamen Wesen durch sein stotterndes Beten noch wütender, denn offensichtlich konnten sie es nicht aushalten, wenn er das Wort „Gott" erwähnte. Sie schrien: „Es gibt keinen Gott!" und „Wir werden dir jetzt richtig weh tun!" Aber er wurde mutiger und betete weiter zu Gott, und dabei merkte er, wie er sie damit forttrieb. Während sich die Gestalten zurückzogen, wurden sie immer ausfallender. Er blieb lange in der Dunkelheit und dachte über sein Leben nach. Später kam das Licht auf ihn zu.[8]

(Mehr zu Howard Storm unter Element E7)

Beim Lesen dieser Passagen kam mir spontan der Satz von Helen Greaves in den Sinn: „Im ‚Jenseits' wird das Subjektive objektiv."[9] Die Gedanken und Gefühle, die Howard Storm vor dem Abgleiten in die Dunkelheit hatte, waren Verzweiflung, Wut, Angst, Aggression, Unglaube und der Gedanke, von den eigenen Verdauungssäuren aufgefressen zu werden. Das begegnete ihm ganz objektiv in diesen hässlichen, höhnenden, aggressiven, verlorenen Wesen. In diesem Psyche-Geist-Feld, (Hyperraum) werden unsere Schöpfungen sichtbar, und wir ziehen nach dem Gesetz der Resonanz auch entsprechende Schöpfungen an. Wir sind die Schöpfer unserer Realität, wir sind aber auch ein Teil des Schöpfers. Ich vermute, wenn wir das durchschauen, und unser Bewusstsein geklärt haben, leben wir in einer abstrakteren, „höheren Realität" im Jenseits.

Als sich Howard Storm aber zu Gott durchringen konnte, erlebte er bedingungslose Liebe und wissendes Licht. Offenbar geht es allen Menschen so, wenn sie es wollen. Aber sie müssen sich aus eigenem Willen Gott zu wenden. Ein Mann, der einen Zusammenbruch mit anschließendem Koma auf Grund eines Substanzabusus erlitt, sagte mir, er hätte bei seiner NTE nicht ins Licht gehen wollen, er hätte den Weg aber gesehen. Er kam dann wieder zurück in seinen Körper.

Ein Mann mit Aids erzählte: „Ich lag also im Krankenhaus mit Nieren- und Leberversagen und hörte plötzlich dieses grässliche Geräusch, so als würde das Dach entfernt. Dann war plötzlich alles voller Rauch, Flammen zeigten sich und ich war von den Flammen eingeschlossen. Ich konnte mich selbst schreien hören. Dann sah ich über mir Ratten herumrennen und überall flog Dreck herum. Es war ganz schrecklich! Es war so echt! Dann, genau so schnell, war alles vorbei und ich wurde unmittelbar an diesen friedlichen, wirklich strahlenden Ort gebracht und da war dieser Engel. Er sagte: ‚Wir möchten, dass du zurückgehst.' Ich fragte: ‚Sag mir, was meine Aufgabe ist? Aus welchem Grund soll ich weiter leben?' Er antwortete mir, weil ich ein Lehrer sei. Ich entgegnete, dass das nicht mehr der Fall wäre und er antwortete: ‚Obwohl Du nicht mehr an der Universität unterrichtest, lehrst Du doch jeden, den Du berührst und Du wirst eine Menge Menschen berühren. Das ist Deine Aufgabe. Kehr zurück und unterrichte, liebe die Menschen und sei einfach Du selbst."[10]

Elvira konnte seit der Organtransplantation vor 2 Jahren nicht mehr schlafen, nach 1 Stunde wache sie immer auf, sei nicht fit, liege stundenlang wach. Darum wurde sie mir überwiesen. Die Patientin sagte, der Gedanke an die Organentnahme bei ihrem Spender sei das Schlimmste gewesen. Sie habe Angst, dass man auch ihr ein Organ entnehme. Das Organ sei von einem jungen Unfallopfer gewesen und es sei noch lebendig gewesen. Sie habe immer noch Angst vor dem Loch bei der Organentnahme. Das Problem sei, dass man ein lebendes Organ entnehme – und doch sei der Mensch gestorben. Das erschiene ihr ungeheuerlich.

Elvira hatte vor dem Eingriff schon Angst. Doch nach der Operation hatte sie noch mehr Angst, vor allem bei dem Gedanken, man entnähme auch ihr Organe. Sie wollte keine Medikamente nehmen, schrie und hatte Angst vor den Krankenschwestern. Sie wollte die Kontrolle haben. Elvira erinnerte sich daran, was sie während der Operation erlebte: Sie sah ihren verstorbenen Großvater und ihr am plötzlichen Kindstod verstorbenes Kind. Sie sah es aber nicht als Baby, sondern in dem Alter, in dem es jetzt wäre. Sie erinnerte sich auch daran, dass sie sich auch im Keller des Krankenhauses befunden habe. Zudem hätte sie in dieser Zeit Telefonate, die ihre Mutter getätigt hat, mitbekommen. Darüber hätten sie später auch geredet.

Seit diesem Ereignis träumt die Patientin vermehrt Dinge, die dann eintreten.

In diesem Zusammenhang drängt sich die Frage nach der Definition des Todes und die nach einer genauen Information der Patienten vor einem solchen Eingriff auf. Die Patientin wollte vor der Operation wieder nach Hause, in ihr Spital, aber man sagte ihr, sie würde das nicht überleben, was sicher auch stimmte. Sie hatte aber große Angst vor Verlust und Diebstahl.

Da wir nicht nur physische Wesen sind, ist eine Organtransplantation eine sehr komplexe Angelegenheit für den Spender und für den Empfänger. Der Spender muss das Organ loslassen, und der Empfänger es als Geschenk annehmen können. Es hängt also davon ab, ob die Seele des Spenders weiß, dass sie ganz ist, wenn sie verstorben ist, auch wenn noch etwas von ihr physisch am Leben ist. Sie muss bewusst loslassen können. Der

Mensch, der nicht an ein ewiges Leben glaubt, ist dann überrascht, dass noch etwas von ihm in einem andern Menschen weiterlebt. Der Empfänger darf keine Angst vor dem Geschenk des Spenders haben und er muss das neue Organ integrieren und mit seinen eigenen Energien neu prägen. Wenn er sich als Dieb vorkommt, ist das natürlich problematisch.

Niemand hat das Recht, moralischen Druck auszuüben, ein Organ spenden zu müssen – vor allem bei noch lebenden Spendern. Das muss eine ganz freie Entscheidung sein. Es hängt also sehr vom Bewusstsein der beteiligten Personen ab. Da muss jeder auf seine Intuition hören und dann entscheiden, was gut für ihn ist. Das Wichtigste bei Organtransplantationen ist sicher, dass der Empfänger keine Schuldgefühle hat und das Organ dankbar annehmen und der Spender es von Herzen schenken kann.

Wahrnehmung einer außerweltlichen Umgebung, einer herrlichen Landschaft mit Blumen oder manchmal auch von Musik (E6)

Eine Frau berichtete nach einem Motorradunfall: „Ich wurde zu einer wunderschönen Wiese mit den prächtigsten Blumen und Gräsern gebracht, in Farben, die so sehr strahlten, wie ich es noch nirgendwo sonst gesehen habe; es war zutiefst erstaunlich!"[11]

Ein Mann erzählte mir, er sei auf eine schöne Wiese mit Bäumen gekommen. Dort, auf einem Bänklein saßen drei ältere Männer, die ihn wieder zurückschickten.

Vielleicht gleichen sich die innere und die erlebte äußere Umgebung, weil die äußere Landschaft zur Seelenlandschaft in Resonanz geht und dem entsprechend angezogen wird (das bestätigen auch quantenphysikalische Erkenntnisse, auf die Michael König hinweist).

Siehe auch: Brad, Nathalie, Eben Alexander

Begegnung und Kommunikation mit Verstorbenen (E7)

Shella: „Ich leide schon immer unter mehreren Allergien. Bisher waren sie mir eigentlich nur lästig gewesen – bis zu jenem schicksalhaften Tag, an dem meine Allergien sich zu einer lebensbedrohlichen Angelegenheit auswachsen sollten. Dem Chirurgen und dem Anästhesisten hatte ich alles über meine Allergien gesagt. Es war eine geplante Operation und kein Notfall. Doch obwohl das ganze Team sein Bestes tat, erlitt ich eine schwere allergische Reaktion auf ein Medikament, das ich während der Operation erhielt. Diese allergische Reaktion war so schwer, dass mein Herz stillstand.

Unmittelbar nach dem Herzstillstand befand ich mich plötzlich in Deckenhöhe. Ich konnte das EKG-Gerät sehen, an das ich angeschlossen war. Die Linie war flach. Die Ärzte und Schwestern versuchten verzweifelt, mich wieder zurückzuholen. Unter mir spielten sich panikartige Szenen ab. Aber im Gegensatz zu dem Chaos unter mir empfand ich tiefe Ruhe. Ich hatte keinerlei Schmerzen mehr. Mein Bewusstsein glitt aus dem Operationssaal heraus auf eine Krankenstation. Ich erkannte sie sofort als die Station, auf der ich vor der Operation gelegen hatte. Aus meiner Perspektive unterhalb der Zimmerdecke sah ich, wie die Schwestern hierhin und dahin huschten und ihren Pflichten nachkamen.

Nachdem ich die Schwestern ein Weilchen beobachtet hatte, tat sich ein Tunnel auf. Ich wurde zu diesem Tunnel hingezogen. Ich glitt hinein und sah ein helles Licht am Ende des Tunnels. Es wirkte so friedlich. Als ich aus dem Tunnel wieder draußen war, befand ich mich in einer Umgebung, die erfüllt war von einem wunderschönen, mystischen Licht. Vor mir standen mehrere liebe Verwandte, die bereits gestorben waren. Es war ein fröhliches Wiedersehen und wir umarmten uns. Bei mir war ein mystisches Wesen voller überwältigender Liebe und Mitgefühl. ‚Möchtest Du zurück?', wurde ich gefragt. ‚Ich weiß nicht', erwiderte ich. Das passte genau zu der unentschlossenen Person, die ich damals war. Wir unterhielten uns weiter, denn ich wusste, dass es an mir lag, ob ich in meinen physischen Körper zurückkehren wollte oder nicht. Es war eine äußerst schwierige Entscheidung. Ich befand mich in einer Welt überwältigender Liebe. Ich wusste, dass ich in dieser Welt wirklich zu Hause war. Schließlich kehrte ich aber doch in meinen Körper zurück."[12]

Debora: „Aufgrund der Narkose stand mein Herz bei der Operation plötzlich still. Ich schwebte hoch zur Decke und konnte meinen Körper sehen, der auf dem OP-Tisch lag. Die Ärzte waren ganz aufgeregt und sagten, sie würden mich verlieren. Ich hatte keine Angst, bei mir waren ein paar nette Leute. Damals dachte ich, es wären Engel. Sie sagten mir, ich solle mir keine Sorgen machen, sie würden sich um mich kümmern. Ich hörte ein Zischen und wurde dann durch einen dunklen Tunnel nach oben zu einem Licht hingezogen. Eine Frau streckte mir ihre Hand entgegen; sie war sehr nett, und ich spürte, dass sie mich lieb hatte und wusste, wer ich war. Bei ihr fühlte ich mich geborgen. Ich wusste nicht, wer sie war. Ein paar Jahre nach der Operation zeigte mir meine Mutter eines Tages ein Bild meiner Großmutter väterlicherseits. Sie war bei der Geburt meines Vaters gestorben. Sie war die nette Frau, die mich auf der andern Seite des Tunnels an die Hand genommen hatte. Ich hatte vorher noch nie ein Bild von ihr gesehen.[13]

Laut Berichten zufolge treffen die meisten Sterbenden zunächst auf Verwandte und bekannte Personen und nicht auf fremde, obgleich auch das vorkommt. Eindrücklich ist, das früh verstorbene Kinder, z. B. an plötzlichem Kindstod, in dem Alter gesehen werden, in dem sie jetzt auf der Erde wären zum Teil also als bereits Erwachsene. Das erstaunt die Eltern immer sehr. Unterstützt wird diese Beobachtung durch die Aussage Helen Greaves, dass Kinder sehr fröhlich, behütet und geliebt im „Jenseits" aufwachsen.[14]

Ein weiteres Phänomen, das durch viele NTEs bestätigt wird, ist, dass Verstorbene in der Regel äußerlich ein Alter von etwa 30 Jahren annehmen. Mein verstorbener Bruder ist seinem Sohn und auch mir so in einem luziden Traum erschienen. Was ist der Hintergrund dafür? Meine Vermutung ist, dass die Menschen sich im Jenseits unbewusst projizieren – oder auch sehr bewusst, wenn sie sich in ihrer Lieblingskleidung zeigen. Zunächst ist ihnen nicht klar, weshalb sie überhaupt Kleidung tragen und woher diese kommt, denn sie haben ja keinen Koffer mitgenommen. Möglicherweise hat die Art der Kleidung mit dem Grad der Bewusstheit und mit der „Liebesfähigkeit" des Verstorbenen zu tun. Reifere, liebende Seelen tragen lichte Gewänder, andere dunklere. Darauf komme ich in den Jenseitsberichten noch zurück.

Unser Geist ist immer schöpferisch und im Jenseits ist das offenbar immer sofort sichtbar. Was man denkt und fühlt, hat Farbe, Form und Klang. Das Projizieren seiner selbst ist offenbar eine Funktion unserer schöpferischen Ich-Instanz. Ich glaube, dass unser Geist, also auch unsere Ich-Identität, die vom Schöpfer abstammt, intelligentes, liebendes Licht ist und in einer höheren Stufe nur noch so wahrgenommen wird.

(Siehe in diesem Zusammenhang auch den Bericht von Anita Moorjani.)

Begegnung mit dem strahlenden, weißen Licht, das in der Regel nicht blendet oder einem Wesen aus Licht. Die Erfahrung vollkommener Akzeptanz und bedingungsloser Liebe. In Kontakttreten mit tiefem Wissen und Weisheit (E8)

Jayne: „Als Nächstes bemerkte ich, ich stand in einem Nebel und wusste augenblicklich, dass ich gestorben war, und ich war so glücklich, dass ich gestorben war und trotzdem noch lebte. Ich kann Ihnen nicht sagen, wie ich mich fühlte. Es war wie: ‚Oh Gott, ich bin tot, aber ich bin hier! Ich bin ich!' Und ich empfand ein enormes Gefühl des Dankes, weil ich noch existierte und trotzdem genau wusste, dass ich gestorben war.

Während dieses Gefühl aus mir herausströmte, wurde der Nebel von einem starken Licht durchdrungen, und das Licht wurde heller und heller und heller – es ist so hell, aber es tut deinen Augen nicht weh, aber es ist heller als alles, was du je in deinem Leben gesehen hast, und mir schien fast, als würde dieses ungeheuer helle Licht mich wiegen. Es kam mir vor, als würde ich darin existieren, als würde es mich nähren, und dieses Gefühl wurde immer stärker und ekstatischer und wunderbarer und vollkommener. Und alles, was mit ihm zu tun hatte – wenn man die tausend besten Dinge nimmt, die einem im ganzen Leben passiert sind, und sie mit einer Million multipliziert, dann käme man vielleicht in die Nähe dieses Gefühls, (…). Aber du bist von ihm überwältigt, und du beginnst, vieles zu wissen."[15]

Hier fanden wir auch das Element 3 (E3) ausgeprägt.

George Ritchie: „(…) ich war voller Erstaunen, wie die Helligkeit zunahm. Sie kam von nirgendwo her und schien überall gleichzeitig zu sein. Jetzt sah ich, dass es nicht ein Licht war, sondern ein Mann, der den Raum betreten hatte, oder vielmehr, ein Mann aus Licht, obwohl dies genau so wenig möglich war für meinen Verstand wie die unbeschreibliche Intensität der Helligkeit, die seine Gestalt ausmachte.

In dem Moment, als ich ihn wahrnahm, bildete sich in meinem Sinn ein Befehl, wie von selbst. ‚Steh auf!' Die Worte kamen aus meinem Inneren, dennoch hatten sie eine Autorität, wie sie meine

Gedanken nie hatten. Ich sprang auf meine Füße, und als ich das tat, bekam ich die erstaunliche Gewissheit: ‚Du bist in der Gegenwart des Sohnes Gottes'. Wenn dies der Sohn Gottes war, dann war sein Name Jesus (…)."[16]

Howard Storm befand sich in der Dunkelheit, als er Jesus anrief, ihn zu retten. "Von ganz ferne sah ich in dieser Dunkelheit auf einmal ein winziges Lichtpünktchen, so wie der schwächste Stern am Nachthimmel. Ich wunderte mich nur, warum er mir nicht schon vorher aufgefallen war. Aber dieser kleine Stern wurde auf einmal heller und heller. Zuerst dachte ich, dass es sich dabei um irgendein Ding handeln würde, aber das Licht hatte etwas Persönliches. Es bewegte sich jetzt mit einer alarmierenden Geschwindigkeit auf mich zu. Als es sich mir immer weiter näherte, merkte ich auf einmal, dass es genau auf mich zu kam und ich von seiner gleißenden Helligkeit getroffen werden könnte. Ich konnte meine Augen nicht mehr von diesem Licht nehmen, denn das Licht war intensiver und schöner als alles, was ich je gesehen hatte. Und schon hatte es mich erreicht und eingehüllt. Und da wurde mir klar, dass diese unbeschreibliche Helligkeit nicht nur eine Lichterscheinung war. Dies war ein Lebewesen, ein Lichtwesen.

Diese extreme Lichtintensität durchdrang meinen ganzen Körper. Meine Qual wurde hinweggeschwemmt und durch das Gefühl einer Ekstase ersetzt. Fühlbare Hände und Arme umfassten mich und hoben mich sanft auf. Dieses liebevolle, strahlende Wesen, das mich umarmt hielt, vermittelte mir den Eindruck, dass es alles über mich wissen musste und mich genau kannte. Sogar besser als ich mich selber kannte. Das Lichtwesen war Wissen und Weisheit. Und mir wurde klar, dass ihm einfach alles über mich bekannt war. Und trotzdem fühlte ich mich bedingungslos geliebt und akzeptiert. Jesus liebt mich also tatsächlich, dachte ich."

Howard Storm hat nach dieser Erfahrung sein Leben komplett umgestellt.[17]

Nathalie erzählte mir: „Ich war in Nigeria mit 23 Jahren als Unterassistentin in einem Spital. Ich schlief auf einer Matratze auf dem Boden, ein Moskitonetz war an der Spitze an der Decke befestigt. Ich hatte Fieber. Malaria tropica. Ich war nicht mehr ansprechbar und befand mich plötzlich oben an der Spitze des Moskitonetzes. Ich sah von oben wie sich der Kollege und der Chef um mich kümmerten. Ich befand mich in weißem, nicht blendenden Licht, alles war Licht und ich fühlte eine unaussprechliche Liebe, hörte wunderschöne Musik. Ich wollte dort bleiben. Ich konnte ganz klar denken. Dachte aber an meine Eltern, die schon ein Kind verloren hatten und eines mit einer schweren Krankheit betreuten. Ich konnte das meinen Eltern nicht antun. Ich durfte auslesen, ob ich zurück in den Körper gehen wollte oder nicht. Ich entschloss mich wegen der Familie zurückzukommen.

Als ich wieder in meinem Körper war, weinte ich lange. Ich wäre lieber dort geblieben."

Eigene Erfahrung mit dem weißen Licht

Dieses Licht verstehe ich sehr gut, da ich mit etwa 25 Jahren ein Erlebnis hatte, das ich nie mehr vergessen werde. Es war das absolut schönste Erlebnis in meinem Leben – und ich musste nicht erst sterben, um es zu erfahren:

Ich war noch am Anfang des Studiums und hatte in der Stube gelernt. Dann wollte ich meiner Freundin, die in der Nähe wohnte, einen Besuch abstatten. Es war Sommer und ich lief den Fußweg hinauf. Die Sonne schien so warm und schön, dass ich ihr spontan dankte. Da sah ich plötzlich nur noch weißes Licht, grell-weiß, aber es blendete nicht. Es war weißer als die Sonne, so wie ich es noch nie gesehen hatte, und wie ich es mir auch nie mehr vorstellen konnte. Ich empfand ein ekstatisches Gefühl der Liebe und das Licht der Sonne sagte mir, ich sei ihr Kind, von der gleichen Art, eine Art „Ich bin Du" (Tat twam asi) – mit Worten lässt es sich nicht genau ausdrücken. Auch sah ich schwach einen Kopf in diesem Licht, der mir gehörte, und ich spürte, dass mein wahres Selbst unverletzlich ist und strahlen kann ähnlich wie die Sonne. Dies geschah alles gleichzeitig und dauerte wahrscheinlich nur einen Bruchteil einer Sekunde. Ich erzählte das meiner Freundin, die mich aber nur schief ansah, sodass ich das Thema sofort wechselte. Es war mir im Geiste alles völlig klar und logisch und zugleich war ich völlig perplex. Nachträglich kam ich mir vor wie Parzival, der in den heiligen Bezirk gestolpert ist und keine Fragen gestellt hat. Die Fragen kamen erst später, dafür um so nachhaltiger.

Ich habe seither oft die Sonne gegrüßt und ihr gedankt und tue das immer wieder, weil sie mir alles bedeutet, aber ein vergleichbares Erlebnis hatte ich nie wieder. Es war ein einmaliges überwältigendes Geschenk.

Ich habe auch eine Lichterfahrung mit der Lucia Nr. 3-Lampe gemacht, die eine sogenannte hypnagoge Lichterfahrung ermöglicht. Aus einem Abstand von ca. 50 cm prallt elektrisches Licht in hohen Impulsfrequenzen auf das geschlossene Auge. Diese Impulsfrequenzen führen zu einer starken Überreizung der Netzhaut, vor allem der Zapfen. Dadurch verfließen die Sinneseindrücke zu einem Ganzen, was dazu führt, dass man farbige Muster oder auch nur blau sieht. Es entsteht eine Art Lichtmandala, das ein sehr angenehmes Körpergefühl auslöst und sich auch als Wärme, die durch den Körper fließt, bemerkbar machen kann. Allerdings eben nur als Wärme und nicht als ekstatische Liebe, die bei spirituellen Lichterfahrungen auftreten. Das künstliche Licht gibt keine spirituellen Informationen weiter. Es kann höchstens Erinnerungen, die in den Gehirnzellen gespeichert sind, abrufen. An die spirituelle Quelle kam ich auch in der zweiten Sitzung nicht heran. Während der ersten Sitzung habe ich die Entspannung eher als Erschöpfung erlebt. Das Bewusstsein war nach dieser Lichterfahrung weniger klar.

Durch den Einsatz der Lucia Nr. 3 sollen paranormale Phänomene ausgelöst werden können; eine klinische Studie dazu gibt es aber nicht.

Mögliche Voraussetzungen für eine spirituelle Erfahrung

Wenn man die Beschreibungen verschiedener Menschen, die zu spirituellen Erfahrungen geführt haben, miteinander vergleicht, fallen einige Aspekte auf, die ich als Voraussetzungen beschreiben möchte:

a) Eine subjektive positive Gestimmtheit: Freude, Liebe oder Dankbarkeit

b) Eine Technik: Meditation oder Lilly-Tank (Ausschalten der sinnlichen Erfahrungen) oder ein Wechsel der Sinneseindrücke – mehr oder weniger rasch – von dunkel auf hell, z. B. durch eine Lucia Nr. 3-Lampe oder durch den plötzlichen Wechsel von Schatten und Sonne. Dr. John Lilly erlebte einen raschen Wechsel von Dunkel zu Licht als Auslöser einer spirituellen Erfahrung.

c) Der Faktor X, das heißt, eine ekstatische Antwort (eine Struktur- oder Quantenfeldresonanz), die immer ein Geschenk ist. Sie kann niemals erzwungen werden.

Der schnelle Wechsel von dunkel zu hell muss nicht zwangsläufig optisch sein, sondern kann auch durch Musik geschehen. Ich habe eine Aufnahme von Mozarts Ave Verum aus der 4. Orchestersuite von Tschaikowsky, und ohne Pause anschließend das Ave Verum von Mozart mit hellen Stimmen gehört. Beim ersten Mal gab das eine ekstatische Antwort. Aber wenn man es erwartet, passiert es nicht.

Der Richtungswechsel ist das Fenster zur Zeitlosigkeit, weil es immer eine Nullzeit gibt, wenn eine Schwingung die Richtung ändert. Spirituelle Erfahrungen sind durch das Gefühl von Zeitlosigkeit gekennzeichnet.

Die oben beschriebene Trias könnte auch bei den NTEs von Bedeutung sein, denn bei Unfall oder Koma werden die Sinneseindrücke ebenfalls ausgeschaltet. Alles, was dann übrig bleibt, ist die persönliche Gestimmtheit zum Zeitpunkt der NTE, Sie hat einen Einfluss darauf, ob unsere jenseitigen Erfahrungen positiv oder negativ sind. Auch der Faktor X: 80 Prozent der Menschen, die einen lebensgefährlichen Unfall hatten, haben keine NTE.

Meine Erfahrung hat mir gezeigt, dass Licht Information und das ganze Universum Geist ist. Die Materie stellt immer nur das Kleid dar. Interessanterweise empfinden Nahtoderfahrene das Licht auch als lebendig, wie ich es empfand. Das bestätigt auch die Physik. Bereits in den 30er Jahren des vergangenen Jahrhunderts postulierte Sir James Jeans: „Heute ist man sich ziemlich einig darüber und auf der physikalischen Seite der Wissenschaft nahezu völlig einig, dass der Wissensstrom auf eine nichtmechanische Wirklichkeit zufließt; das Weltall sieht allmählich eher wie ein großer Gedanke als eine große Maschine aus."[18] Diese Aussage bringt meine eigene Wahrnehmung auf den Punkt. So wie die Erde physisch von der Sonne abhängig ist, sind wir geistig vom Sonnenlogos oder Christus abhängig und mit ihm verbunden. Frances Banks hat das ebenso gesehen, wenn auch etwas anders formuliert. Für mich war das eine totale Bestätigung.[19]

Erst nach meinem Staatsexamen hatte ich wieder die Zeit, mich mit diesen Aspekten zu befassen. Rudolf Steiner spricht hier vom solaren Logos. Er schreibt, dass auch Paulus von diesem solaren Logos getroffen wurde, den die Christen Christus nennen.[20] Wahrscheinlich befinden sich alle Menschen, die eine Nahtoderfahrung machen oder eine „Erleuchtung" haben, und dieses weiße Licht als so hell und voller Liebe erleben, in diesem allumfassenden göttlichen Christus-Bewusstsein, von dem sie ein Teil sind. Sie empfinden oft, dass dieses Licht personifiziert ist, und geben dieser Person den Namen Jesus. Diese Personifizierung dient offenbar dem Verständnis darüber, was dieses Licht ist – göttlich. Es gibt ja auch Menschen, die sehen die Gedanken fliegen, wie Untertassen, d. h., sie sehen die Telepathie bildlich. Anita Moorjani hat das Licht ganz abstrakt als (göttlichen) Seinszustand erlebt. Ich habe es erlebt, als mein wahres Selbst, das Licht und Liebe ist wie die geistige Essenz der Sonne.

Aber alle Menschen sind immer auch Teil dieses Lichtes, befinden sich in einem Meer von Licht. Doch wenn sie auf den Körper und die Außenwelt konzentriert sind, nehmen sie es nicht wahr. Wenn das Bewusstsein rein über das Gehirn wahrgenommen wird, sind wir eingeschränkt auf unsere fünf Sinne (das zeigt auch der Mythos vom zerstückelten Osiris). Es gibt Millionen von Menschen, die eine Erfahrung gemacht haben, die über die fünf Sinne hinausgeht. Es ist mir aber auch klar, dass Menschen, die nie etwas in diese Richtung erlebt haben, das nicht verstehen oder es ablehnen, weil es mit dem Verstand schwer zu fassen ist. Viele tun die NTEs bspw. als Halluzinationen oder physiologische Phänomene ab, weil sie einfach nicht in ihr materialistisches Denken passen und weil sie sich nur am Außen orientieren, an der Hülle. Doch ein so kristallklares, wissendes Bewusstsein hat wirklich nichts mit Sauerstoffmangel oder Halluzinationen zu tun. Viele Nahtoderfahrene erleben dieses intensiv-klare Denken während der NTE.

Ich bin überzeugt, es gibt nur einen Geist, mit dem wir alle verbunden sind, sowie es auch nur einen Gott gibt, und unser Bewusstsein ist ein Teil dieses göttlichen Geistes. Dieser Geist ist unabhängig von Raum und Zeit. Wenn dieser Geist aber in Raum und Zeit, also im Körper wahrgenommen wird, wird er als „Sohn" bezeichnet, und die Quelle als Vater. Aber wir können diesen Geist nur bruchstückhaft durch unseren physischen Körper äußern. Jesus konnte das vollkommen. Außerhalb des physischen Körpers zeigt er sich als vollkommener Christusgeist: als weißes, intelligentes, liebendes Licht, wie ihn George Ritchie, Howard Storm, Anita Moorjani, Magdalen Bless, Eben Alexander und viele andere erlebt haben. Dieses geistige Licht ist nicht sichtbar für das physische Auge, so wenig, wie unsere Gedanken und Gefühle sichtbar sind.

Jesus Christus ist für uns Christen der Prototyp des „Christus-Trägers", er ist der „Eingeborene Sohn". Darum nehmen wir die Lichtgestalt häufig als Jesus wahr. Ich kenne aber auch das Beispiel eines Menschen mit jüdischem Glauben, der von Jesus „gerettet" wurde. Allerdings zeigen die Erfahrungen, die in den verschiedensten Kulturen schon im Altertum gemacht wurden, dass der Name dieses „göttlichen Geistes" immer mit den kulturellen Göttern zu tun hat – die Essenz aber ist immer die gleiche und daher eigentlich namenlos. Anita Moorjani hat diesen Geist als reine Essenz von Liebe und Wissen erlebt, jenseits aller religiösen Vorstellungen. Sie ist zu dem Schluss gekommen, dass Gott ein Seinszustand ist. Dem kann ich beipflichten, denn das habe ich ähnlich erlebt. Ich habe klar gespürt, dass ich ein Teil von Gott und mit allem Existierenden verbunden bin. Möglicherweise hat Anita Moorjani das ebenfalls so erlebt. Die ganze Größe des Schöpfers wird kaum ein irdischer Mensch verstehen.

(Dazu aber mehr in Kapitel 3.)

Die Physik hat die Schwerelosigkeit bewiesen, und wenn sie auch noch die Zeitlosigkeit bewiesen haben wird, wird man auch die NTEs wissenschaftlich verstehen. In der Quantenphysik gibt es das Phänomen der Verschränkung, das Zeitlosigkeit und Nichtlokalität beinhaltet. Die beste Definition von Zeit fand ich bei Angelus Silesius: „Du selber machst die Zeit, das Uhrwerk sind die Sinnen, hemmst du die Unruh nur, so ist die Zeit von hinnen."[21]

Ist der Geist mit unserem Gehirn verbunden, nimmt er durch die Sinnesorgane wahr. Wenn das Gehirn jedoch nicht funktioniert, nehmen wir nicht durch den Körper wahr und können uns auch nicht mehr durch ihn ausdrücken. Das heißt aber nicht, dass unser Geist nicht mehr existent ist – die Fernsehsendung existiert, auch wenn der Fernseher abgestellt ist.

Wir Menschen unterscheiden uns nur in der "Verpackung", in den Talenten und den psychischen Mustern. Unser individueller Geist ist verbunden mit dem einen großen Geist und allen Individuen.

Jules Muheim war Physiker an der ETH, sprach von einem Psychefeld. Er schickte mir seinerzeit seinen Artikel unter dem Titel: „Zur Quantenstruktur des 3. Auges". Muheim schreibt: „Naturwissenschaftlich betrachtet ist das 3. Auge ein vollendetes Faktum. Auch wenn noch niemand dieses Phänomen gesehen hätte, müsste man es wechselwirkungskosmologisch, physikalisch wie biologisch postulieren. Statisch-geometrisch gesehen stellt es die sphärische Kompaktform des Menschengestalt-Psychefelds dar. (...) Das 3. Auge ist nun aber nicht nur unendlich komplex, sondern auch unendlich intelligent strukturiert. Es ist daher streng genommen weder fassbar noch darstellbar, und doch (paradoxerweise!) exakt berechenbar. Wahrscheinlich stellt es das wunderbarste Gebilde der dem Menschen zugänglichen Schöpfung dar. Struktural betrachtet ist das 3. Auge eine Raumzeiteigenschaft. Raum und Zeit haben sehr eingeschränkte Bedeutung, sind aber andererseits für das Naturgesetz unentbehrlich. Das 3. Auge stellt eine Multikondensation dar. Seine Feldsubstanz (Energie) ist reines, reibungsloses Bewusstsein. Daraus versteht sich sofort, dass es sich als eine unendlich komplexe, suprafluide Bose-Einstein-kondensierte dreidimensionale Zeitkugel auffassen lässt. Das 3. Auge enthält nicht nur die 8 bekannten Humanchakren oder Psychezentren, sondern 3 Billionen (= K [1]) Partialkugelchakren, die topologisch als Rosettenatom aufgefasst werden können. Wie kommt man nun theoretisch zum 3. Auge? Das 3. Auge ist einerseits postulierbar und andererseits ein Phänomenfaktum. Es lässt sich quasi aus der universalen Psychefeld-Struktur ableiten. Damit ist der quantitative Zugang nicht nur zu allen Menscheneigenschaften (Körpertemperatur, Wurzel- Herz-Gehirnspektren, Schlaf/Traum, Vitalstruktur etc.), sondern auch zu jenen des Universums gesichert. Der schematischen Struktur wiederum liegt die Wechselwirkungskosmologie dieses Autors zugrunde."[22] Der Autor starb 1997.

Jules Muheim hat auch die mathematische Ableitung des 3. Auges verfasst.

Diese Art des Sehens, während dessen man an einem Ort und zugleich an andern sein kann, zu einer Zeit und zugleich in der Vergangenheit und in der Zukunft, kommt bei tiefen Nahtoderfahrungen vor – so auch bei Anita Moorjanis NTE. Muheim hat versucht, das wissenschaftlich zu erklären. Leider ist einiges an physikalischem Wissen notwendig, um Muheims Ausführungen zu verstehen. Für den auf diesem Gebiet weniger gebildeten Menschen ist das lediglich erfahrbar.

Auch von Geburt an blinde Menschen beschreiben optische Phänomene, die sie während ihrer Nahtoderfahrungen hatten. Jules Muheims Beschreibung der Funktion des 3. Auges könnte das erklären. Das 3. Auge ist eine Tatsache für alle, die schon damit gesehen haben. Darum ist es ein Phänomenfaktum. Es ist das feinstoffliche Fenster zur Zeitlosigkeit. Es existieren Berichte, in denen Kinder erzählen, dass sie ihren Geburtsvorgang „gesehen" haben, als sie sich durch den Geburtskanal zwängten.

Die Erforschung von außerkörperlichen Wahrnehmungen sollte über die Erforschung des 3. Auges gehen.

Angelus Silesius: „Zwei Augen hat die Seel. Eines schauet in die Zeit, das andere richtet sich hin in die Ewigkeit."[23]

Lebenspanorama (E9)

Stephan von Jankovich: „Am 16.09.1964 wurde ich bei einer Frontalkollision mit einem Lastwagen durch die Windschutzscheibe nach draußen geschleudert. Ich brach mir 18 Knochen. Ich war 6 Minuten klinisch tot. Man gab mir eine Adrenalin-Spritze ins Herz. Ich hatte eine Fülle von Erlebnissen.

Zuerst hatte ich das Bewusstsein: ‚Ich habe überlebt', dann das Gefühl: ‚Ich sterbe'. Ich hatte keine Angst. Eine göttliche Harmonie überflutete mich. Ich schwebte über der Unfallstelle, ich sah die Ärzte, die Zuschauer, die Kolonne, die sich bildete, die Reanimation. Ich wollte ihnen sagen, ich sei glücklich und sie sollen mich in Ruhe lassen, aber sie hörten mich nicht. Ich aber konnte hören, was sie sagten und auch ihre Gedanken mitbekommen. Dann wollte ich weg. Ich sah mein ganzes Leben vom Tod bis zur Geburt bei Kerzenlicht. Alles war ganz klar und deutlich, ich war der Hauptdarsteller und Beobachter gleichzeitig. Alles war völlig transparent. Ich bewertete mich selbst, aber nicht nach gesellschaftlichen Kriterien. Ich sah, dass gewisse Normen falsch waren.

Als ich im Spital wieder bei Bewusstsein war, diktierte ich alles erlebte. Es hat mein Leben verändert. Das Materielle verlor an Bedeutung. Ich hatte auch keine Angst mehr vor dem Tod."

Jankovich kam auch zu der Erkenntnis, dass man sterbende nie als Tote ansehen dürfe. Stephan von Jankovich erkannte sich selbst und wusste, dass er eine Aufgabe im Leben hat, die er erfüllen will und muss.

Der beim Interview ebenfalls anwesende Arzt, Dr. Becker aus Gießen, erzählte von einem ähnlichen Erlebnis eines befreundeten Arztes, der bei einer abundanten Magenblutung ins Koma fiel. Dr. Becker konnte es zunächst nicht so recht glauben, obwohl er den Kollegen als ehrlichen Menschen kannte. Es lag einfach außerhalb seiner Verständnismöglichkeit. Erst nach einem Gespräch mit Elisabeth Kübler-Ross konnte er das Geschehen ernst nehmen und untersuchte später auch reanimierte Patienten auf Nahtoderfahrungen. Das war noch vor den Berichten von Moody.[24]

Laurelynn war in die Klinik gegangen, um eine routinemäßige Bauchspiegelung vornehmen zu lassen, die nur 20 Minuten dauern sollte. Doch wie sie später erfuhr, unterlief dem Arzt beim ersten Schnitt ein Kunstfehler, mit dem er die Bauchaorta, die Vena cava inferior und den Darm durchtrennte und bis auf die Wirbelsäule stieß. Dadurch verlor Laurelynn fast 60 Prozent ihres Blutes – und offenbar auch beinahe ihr Leben. Bevor ein zweiter Arzt eingriff und ihr mit einer Notoperation das Leben rettete, war sie bereits in den Nahtodzustand eingetreten. Nach einer fünfstündigen Operation wurde sie in kritischem Zustand zur weiteren Beobachtung in den Aufwachraum gebracht. Später erzählte Laurelynn, der Arzt, der sie rettete, habe ihr gesagt, er habe sie „dem Rachen des Todes entrissen – Ihre Chance war fast gleich null." Sie erzählt:

„Die Chirurgen waren verzweifelt. Alles war blutrot, die Tücher, der Boden, und auch in der jetzt weit geöffneten Bauchhöhle war eine leuchtend rote Blutlache zu sehen. Ich begriff nicht, was da unten vor sich ging. Ich begriff in diesem Augenblick nicht einmal, dass der Körper, der dort bearbeitet wurde, meiner war. Aber das war ohnehin belanglos. Ich fühlte mich frei und unheimlich gut. Am liebsten hätte ich den gestressten Leuten dort untern zugerufen: ‚Hey, mir geht es gut, es ist toll hier oben!' Aber sie waren so beschäftigt, ich wollte sie nicht unterbrechen.

Dann reiste ich in ein anderes Reich. Dort herrschte absoluter Friede; es gab keinen Schmerz, nur ein wohliges Gefühl in einem warmen, dunklen weichen Raum. Ich war umgeben von absoluter Glückseligkeit, einer Atmosphäre bedingungsloser Liebe und vollkommenen Angenommenseins. Die

Dunkelheit war wunderschön und erstreckte sich endlos. Diese Freiheit totalen Friedens war stärker als die größte Ekstase, die man auf Erden je erfahren könnte. In der Ferne sah ich einen Horizont aus weißlich-gelblichem Licht. Es fällt mir sehr schwer zu beschreiben, wo ich war, denn die Worte, die uns hier, auf dieser Ebene, zur Verfügung stehen, reichen dafür einfach nicht aus.

Ich bewunderte die Schönheit dieses Lichts, kam ihm jedoch nicht näher, denn als Nächstes spürte ich, dass sich etwas von rechts oben mir näherte. Dann entdeckte ich, dass es mein 30-jähriger Schwager war, der vor sieben Monaten gestorben war und dabei wuchs mein Gefühl von Glück und Frieden noch an. Ich konnte zwar nicht mit meinen Augen sehen oder mit den Ohren hören, aber ich wusste instinktiv, dass er es war. Er hatte auch keine physische Gestalt, er war einfach präsent. Es war, als ob ich nach Hause gekommen sei, und mein Schwager mich willkommen hieß. Ich dachte sofort, wie froh ich war, bei ihm zu sein, denn jetzt konnte ich nachholen, was ich versäumt hatte, als ich ihn das letzte Mal vor seinem Tod traf – damals hatte er sich mit mir aussprechen wollen, aber ich hatte mir nicht die Zeit dazu genommen. Und ich spürte überhaupt keine Gewissensbisse mehr deshalb, sondern fühlte trotz meines damaligen Verhaltens nur absolute Akzeptanz und Liebe von ihm ausgehen."

Plötzlich tauchten in chronologischen Reihenfolge Ereignisse aus Laurelynns Kindheit auf:

(…) hatte ich ein Mädchen in meinem Alter (fünf Jahre alt) gehänselt, bis es zu weinen anfing. Jetzt spürte ich ganz deutlich, was dieses Mädchen gefühlt hatte. Seine Frustration, seine Tränen und sein Gefühl des Alleingelassenseins waren jetzt meine Gefühle. Ich spürte schreckliches Mitleid mit diesem Kind. Dieses Kind, das eigentlich ich selbst war, brauchte Liebe, Geborgenheit und Vergebung. Ich hatte nicht erkannt, dass ich letztlich mir selbst weh tat, wenn ich jemand anderen verletzte.

Hier der zweite Vorfall, den Laurelynn erneut durchlebte:

„Ich hatte mich über einen Jungen meines Alters (zwölf Jahre) lustig gemacht, weil er mir einen Liebesbrief geschrieben hatte. Und auch hier wurde sein Schmerz der Zurückweisung zu meinem eigenen Schmerz, und gleichzeitig spürte ich eine sehr große Liebe zu diesem Jungen und für mich. Er starb einige Jahre später an einem Hirnaneurysma.

Ich hatte diese Ereignisse längst vergessen und gedacht, sie seien unbedeutend, bis ich mich unvoreingenommen und mit Liebe wieder an sie erinnerte. Und jetzt erkannte ich, wie wichtig Menschen im Leben sind, wie wichtig es ist, sie zu akzeptieren, und vor allen Dingen, sie zu lieben. Ich war nicht stolz auf diese Erlebnisse, aber sie waren ein Teil von mir und ich akzeptierte sie.

Auch andere Gedanken wurden mir übermittelt; ich erinnere mich zum Beispiel daran, dass ich dachte: ‚Wow, jetzt verstehe ich alles. Alles in unserem Leben macht jetzt endlich einen Sinn.' Schließlich fragte ich meinen Schwager, (nicht mit Worten, sondern einer Art Übertragung), was eigentlich los sei und ob ich hier bleiben könne. Er antwortete, für mich sei es noch nicht an der Zeit, es sei ein Fehler passiert und dass ich zurückkehren müsse. Ich weiß noch, dass ich daraufhin dachte: ‚Okay, ich gehe zurück, aber ich weiß jetzt, wie ich hier wieder heraufkomme.' Doch im selben Moment waren seine Gedanken auch die meinen, und sie lauteten: ‚Du kannst dir nicht selbst das Leben nehmen, das ist keine Lösung für dich, so geht es nicht. Du musst dein Leben sinnvoll leben.' Ich verstand, aber ich weiß noch, dass ich dachte: ‚Ich will aber nicht zurückgehen', und darauf hin kam dieser Gedanke von ihm zu mir: ‚Schon gut, wir gehen ja nicht weg. Wir bleiben hier und warten auf dich.' Sein letzter Gedanke war: ‚Sag deiner Schwester, dass es mir gut geht.'

Bei diesen letzten Gedanken spürte ich mich bereits zurückkehren, ich fiel durch die Dunkelheit nach unten."[25]

George Ritchie: „Wenn ich sage, er wusste alles über mich, dann war das ganz einfach eine sichtbare Tatsache. Denn gleichzeitig mit seiner strahlenden Gegenwart – wenn ich das erzähle, muss ich beides getrennt beschreiben – war in diesem Raum jede einzelne Episode meines Lebens eingetreten. Alles, was um mich herum geschehen war, war einfach da, in voller Sicht, gleichzeitig und fließend, so, als ob in einem Moment alles zu gleicher Zeit stattfinden konnte."[26]

Blitz!: „Leuchtende Farben strahlten aus meinem Innern und stellten sich vor uns dar, (sie war bei einer Gruppe von Personen, die bedingungslose Liebe ausstrahlten), wie ein Theater, das in der Luft schwebte. Es war ein dreidimensionaler, panoramischer Blick auf mein Leben, jeden Aspekt meines Lebens. Alles, was ich gesagt, getan, ja sogar gedacht hatte, war da, sodass wir alle alles mitbekamen. Ich dachte jeden Gedanken erneut, ich spürte jedes Gefühl erneut, wie es sich damals ereignete, in einem einzigen Augenblick. Und ich fühlte auch, wie mein Tun, und sogar meine Gedanken auf andere gewirkt hatten. Wenn ich über jemanden etwas gesagt hatte, erlebte ich mich selbst, wie ich es tat. Dann wechselte ich die Rolle und die Perspektive und erlebte, wie mein Urteil bei der betreffenden Person angekommen war. Dann kam ich wieder zu meinen eigenen Gefühlen zurück um auf das Drama, das ich eben gesehen und miterlebt hatte, reagieren zu können – damit ich beispielsweise Scham oder Reue zeigen konnte.

Ich spürte die Schmerzen der Menschen, die unter meinen vielen aus Gemeinheit, Unfreundlichkeit oder Zorn erwachsenen Handlungen oder Gedanken litten. Ich erlebte das sogar dann, wenn ich mich damals dafür entschieden hatte, zu ignorieren, wie es auf die andern wirken würde. Und ich spürte den Schmerz der andern die ganze Zeit über, den sie unter meinem Tun gelitten hatten. Denn ich war in einer andern Dimension, in der man die Zeit, so wie wir sie auf der Erde kennen, nicht messen kann; ich konnte dies alles auf einmal wissen und erleben, in einem einzigen Augenblick, und ich war sogar fähig, es alles zu verstehen."

Bei allen Lebensrückblicken, die ich kenne, ist die Zeitlosigkeit und das „Allwissen" über unser Leben und die Bedeutung der Liebe vorhanden. Auch die Erkenntnis, dass wir das, was wir andern angetan haben, wir eigentlich uns selbst antun.

Außerkörperliche Erfahrungen (E4)

Magdalen Bless-Grabher hatte mit im Alter von etwa 20 Jahren einen Autounfall. Sie erlitt Becken- und Schädelbrüche, innere Verletzungen und eine Nierenquetschung. Die Historikerin erzählt mir:

„Ich sterbe! Ist das möglich? Ich bin ja am Sterben! Mit höchstem Erstaunen registrierte ich plötzlich dieses durchdringende Gefühl von Todesnähe – ohne Zusammenhang, ohne zu wissen, warum. Zwar erinnerte ich mich, eben noch im Auto meines Vaters gesessen zu haben, der gerade auf dem Vorplatz vor einer Tankstelle bei Brütten ZH angehalten hatte, um zu tanken. Dass dann mitten aus der dunklen Nacht und der nahen Kurve heraus mit hoher Geschwindigkeit ein Sportauto daher geschossen und wegen einer kurzen Verwirrung des Lenkers mit voller Wucht in unsere Seite hinein gefahren war, hatte ich nicht mehr bewusst wahrgenommen. Allerdings konnte ich mir leicht zusammenreimen, dass dieses intensive Gefühl des Sterbens wohl mit einem Autounfall zusammenhänge . Es verblüffte mich nur einfach, dass ich am Sterben war – sterben, das taten doch immer nur die andern! Ich kam mir vor wie in einem falschen Film – irgendwie hatte ich in meinem damals jugendlichen Alter von zwanzig Jahren noch nie wirklich damit gerechnet, dass das Sterben auch einmal mich selbst treffen könnte.

Ich hatte ein Gefühl, als würde ich mich von mir selbst, von meinem Körper und meiner irdischen Welt lösen, als ob Faser um Faser, mit der ich an Menschen und Dingen gehangen hatte, einzeln durchschnitten würde. Einen Moment lang erfüllte mich diese Trennung mit Wehmut. Schließlich schien mir das Leben nur noch an einem letzten Fädchen zu hängen, und dieser Faden wurde dünner und dünner.

Schon bald erschien mir der äußere Anlass meiner höchst eigenartigen Bewusstseinslage ganz unwichtig – allzu unfasslich und überwältigend war das, was ich nun innerlich erlebte! Zunächst war mir, als stürze meine Umwelt in einem dämmrigen, chaotischen, funkensprühenden Wirbel in sich zusammen. Ich geriet in einen starken Sog – er war wie ein reißender Fluss – und fühlte mich rasch durch einen engen, dunklen Tunnel gezogen, bedrängt von einem dröhnenden, metallischen Geräusch – von ferne mit Glocken vergleichbar, aber disharmonisch.

Kaum war ich auf der andern Seite wieder aus dem Tunnel draußen, fühlte ich mich frei und leicht. Zu meinem Erstaunen sah ich von oben meinen leblosen Körper in einem Gartenbeet mit Erdbeerpflanzen liegen, was mir seltsam vorkam. Wieso in einem Erdbeerbett (trotz der dunklen Nacht sah ich die Erdbeeren)? Aber es war eindeutig mein Körper, er hatte das grüne Deux-Pièces an, das meine Mutter genäht hatte, das gab es nur einmal auf der Welt. Tatsächlich war unser Auto durch den Aufprall über einen eisernen Zaun hinweg in den Garten der Tankwartfamilie katapultiert worden. Ich spürte den Schrecken und die Hektik der Menschen rundum und war froh, von diesem ungemütlichen Ort einfach wegschweben zu können. Mein unten liegender Körper berührte mich nicht mehr weiter.

In einer blitzschnellen Rückschau zog nun mein ganzes Leben wie ein plastisches, farbiges Panorama – wie eine Art dreidimensionaler Film – an mir vorbei. Alles, was ich je gedacht, getan und erlebt hatte, erfasste ich sozusagen mit einem Blick. Selbst längst vergessene Bilder, Gerüche und Töne der frühesten Kindheit, tauchten wieder auf, wobei das Schwergewicht auf glücklichen Momenten lag. Es war ungemein faszinierend, das Leben nochmals wie im Zeitraffer zu durcheilen und es dabei auch zu durchschauen. Nun gingen mir auf einmal innere Zusammenhänge auf, die mir verborgen gewesen waren, solange ich mittendrin im Leben selbst mit gestrampelt hatte. Alles verstand ich jetzt, und alles hatte einen Sinn. Es war, wie wenn man endlich die Vorderseite eines Webbildes zu sehen bekäme: ein schönes Muster – bisher hatte man nämlich nur die Rückseite gesehen, wirre Fäden, die man oft nicht einordnen kann. Mein Denken war nun so klarsichtig, dass es ganz einfach und logisch war, mein Dasein auch zu bewerten. Dabei erkannte ich, dass es auf die Beweggründe, auf den innersten Kern der Motive ankommt, die hinter unserem Handeln (oder Nicht-Handeln) stehen. Positive oder negative Haltungen und Gefühle wirken wie Wellen weiter und lösen

Freude oder Leid bei andern aus. Es schien mir, als könnte ich auch in die Rolle der Menschen um mich schlüpfen, und die Empfindungen nachfühlen, die ich in ihnen ausgelöst hatte. Ich spürte, wie eng wir mit unserer Mitwelt verflochten sind, mit Menschen, Tieren, Pflanzen, der Natur, dem Universum – wir sind ein Teil des Ganzen und schwingen mit dem Ganzen mit. Dabei wurde mir klar, dass das, was zählt, letztlich allein die Liebe ist – Liebe ist der Urgrund und das tragende Wurzelgeflecht des Lebens und des Seins, die ungeheure Kraft, die das ganze Universum zusammenhält. Nebst Staunen und Freude empfand ich bei einzelnen Punkten meines Lebensfilms, nämlich bei Lieblosigkeiten, auch so etwas wie Scham und Reue – damit war es aber auch erledigt. Insgesamt war dieses Erkennen und Beurteilen des eigenen Lebens kein peinvolles Selbstgericht, sondern es war eingebettet in ein umfassendes, großzügiges Verstehen und Verzeihen alles Menschlichen, das eben nie ganz vollkommen ist. Zu einem gewissen Zeitpunkt des Prozesses – ziemlich am Anfang – hatte ich auch ein Gefühl, als würde ich förmlich durch ein liebevolles, tröstendes Wesen hindurchfließen, das mich völlig annahm, wie ich war – ich hielt es für Christus.

Auf die Vision meines Lebens folgte ein Gefühl der Erleichterung darüber, dass das irdische Dasein, das trotz aller Schönheiten doch auch mit viel Mühseligkeit verbunden ist, schon vorbei sein sollte. Obwohl ich bis dahin ein recht glückliches Leben gehabt hatte, bedauerte ich das abrupte Ende keineswegs, sondern empfand es im Gegenteil als Privileg, den Lebenskampf schon so jung aufgeben und gegen dieses neue Dasein eintauschen zu können, das fortwährend herrlicher wurde.

Ich bemerkte nun helle Gestalten, die unbeschreiblich gelöst und heiter wirkten und eine wunderbare Harmonie ausstrahlten. Sie näherten sich mir, als wollten sie mich im Jenseits herzlich willkommen heißen. Welch freudiges Wiedersehen, als ich unter ihnen liebe Verwandte und Bekannte erkannte! Erst im Nachhinein realisierte ich, dass es lauter bereits verstorbene Menschen waren. Allen voran kam strahlend meine Großmutter, die ich sehr gern gehabt hatte. Sie wirkte jung und gesund und sehr glücklich, und wir konnten, wie ohne Worte einander Gedanken zuspielen. Ein halbes Jahr zuvor war sie nach schwerer Krankheit in meinem Elternhaus, wo sie von meiner Mutter gepflegt worden war, gestorben. Ihr Leiden und ihr Ende hatten mich sehr bedrückt – wie froh war ich, zu sehen, wie gut es ihr nun ging! Bisher hatte ich eine dumpfe Angst vor dem Tod gehabt, er war mir so undurchsichtig, so unheimlich erschienen, man wusste ja nicht, was nachher kam. Alles, was ich bisher über den Tod gelesen, gehört oder gedacht hatte, kam mir nun wieder in den Sinn, und ich musste darüber auf meinen imaginären Stockzähnen lächeln (totaliter aliter). Wie unnötig waren meine Ängste gewesen – das Sterben war ja ganz anders und unvergleichlich viel schöner, als ich es mir je vorgestellt hatte!

In einem dynamischen Prozess erweiterte sich mein Bewusstsein fortwährend. Von den Fesseln des Leibes und des Lebens losgelöst, vermochte sich mein Geist zu ungeahnten Fähigkeiten aufzuschwingen. Schwerelos schwebte ich durch ein grenzenloses Universum. Mit ungeheurer Schnelligkeit liefen in mir in mehreren Schichten neben- und übereinander verschiedene Gedankengänge gleichzeitig ab, jeder von gestochen scharfer Genauigkeit, Klarheit, Tiefe. Wie sieht ein Atom aus, wie der Andromedanebel, wie Australien, und wie sah es zur Zeit der Römer aus? Es gab keine Frage mehr, die nicht auch umgehend eine Antwort bekam. Mit einer fast grenzenlosen Erkenntniskraft konnte ich in diesem Moment den Mikrokosmos und den Makrokosmos durchdringen, die Rätsel des Universums begannen sich zu lösen (leider konnte ich die genauen Inhalte jenes Wissens nicht ins diesseitige Leben mitnehmen, unsere irdische ‚Bio-Hardware' ist irgendwie nicht kompatibel mit den jenseitigen Erkenntnissen). Gleichzeitig mit dem Denken steigerte sich auch die Intensität meiner Empfindungen. Ich empfand keinerlei Angst, sondern immer stärker durchfluteten mich Gefühle des höchsten Glücks, der Liebe und Harmonie.

Das alles waren aber im Grunde genommen nur die Begleiterscheinungen eines noch viel überwältigenderen Vorgangs. Noch immer befand ich mich in dem starken Sog, der mich am Anfang schon durch den Tunnel gezogen hatte. Das Ziel dieses Flusses – das sah ich nun – war ein gewaltiges, lebendiges, gleißendes weißes Licht. Es war größer als die Sonne, aber seine strahlende Helligkeit tat nicht weh, sondern war wunderschön. Es pulsierte förmlich vor Energie, Kreativität und – Liebe!

Mit einer brennenden Sehnsucht zog es mich unwiderstehlich immer näher zu diesem glanzvollen, herrlichen Licht, das eine unvorstellbare, bedingungslose, persönliche Liebe verströmte. Dieses Licht war der Inbegriff des Guten, des Heiligen, des Allwissens und der Weisheit, des Glücks. Es waren unbeschreibliche Momente von höchster Intensität, innerlich stand ich in Flammen, in glutvoller Ekstase, und wollte nur noch eines: Eintauchen in diese unbeschreibliche, mystische, leuchtende Sonne der Liebe! Schnell glitt ich auf eine Art Grenze zu, hinter der ich die Erfüllung erahnte – ein unsäglich glückliches Weiterwerden in der Nähe des Absoluten, dieses Lichts, dieser Quelle der Kraft und Liebe.

Kurz bevor ich zu dieser Grenze kam, stockte jedoch plötzlich der Fluss des Geschehens. In mein Bewusstsein drang ein störendes Wort, auf das zu reagieren ich ein Leben lang trainiert worden war: mein Name! Inzwischen hatten sich nämlich beim Unfallort erste Helfer eingefunden, der Vater, der weitgehend unverletzt geblieben war, und sie, hatten mich aus dem zerstörten Auto herausgezogen und in das nächstbeste Erdbeerbeet gelegt. „Die ist gestorben", sagten die Leute. Offenbar stand mein Kreislauf still – kein Puls und kein Atem mehr, dazu eine fahle, totenähnliche Blässe. Schockiert, in höchster Panik, rief mich nun mein Vater mit verzweifelter, drängender Stimme immer und immer wieder beim Namen. Dieses Rufen hörte ich.

Verblüfft wurde ich mir plötzlich wieder meines Namens, meiner irdischen Identität, meines Vaters bewusst. Warum ließ er mich nicht ziehen? Ich war doch schon so weit weg und wollte nicht mehr in die enge beschränkte kleine Erden-Existenz zurück! Allerdings – war es nicht vielleicht feige, wenn ich mich jetzt schon aus dem Leben davonstahl? War dies nicht allzu leicht – womit hatte ich denn meine Lebensaufgaben erfüllt? Und meine Familie? Sie wussten ja nicht, wie schön es ‚drüben' war! Es gelang mir trotz aller Anstrengung nicht , zu meinem Vater in Kontakt zu treten, ich geriet in ein Dilemma. Auf der einen Seite sehnte ich mich mächtig danach, noch tiefer in die verheißungsvollen, leuchtenden Sphären des Jenseits einzudringen. Andererseits stellte ich mir lebhaft bereits meine Beerdigung und die wohl unvermeidliche Trauer meiner Angehörigen vor, wenn ich nicht mehr zurückkehren sollte. Nein – das wollte ich ihnen wenn möglich ersparen! Wenigstens den Versuch einer Rückkehr wollte ich wagen. Irgendwann später, so tröstete ich mich, würde ich dann ja schon wieder den Weg zum Licht antreten können.

Mit der ganzen Kraft meiner ohnehin geballten geistigen Anspannung stemmte ich mich nun gegen den Sog, der mich ins Jenseits zog. Es war wie ein Schwimmen gegen einen reißenden Strom. Einen Moment lang war der Kampf unentschieden, dann aber war der kritische Scheitelpunkt überwunden, ich fiel zurück auf die andere Seite, zurück ins Leben – und war zunächst einen Moment lang maßlos enttäuscht.

Das strahlende Licht, diese lebendig pulsierende Sonne, erlosch langsam, auch die innere Glut der Gefühle verebbte, und meine eben noch so luziden Gedankengänge verwirrten sich immer mehr. So fiel ich aus einem jauchzenden Glück hinab, hinab in eine dumpfe Schattenhaftigkeit. Ein Ruck – und ich fühlte mich plötzlich wieder in meinem Körper, den ich als schwer, schmerzend und viel zu eng empfand. Verdutzt, ja erschrocken stellte ich fest, wie wenig unser seelisches und geistiges Potenzial im normalen irdischen Leben ausgeschöpft ist. Dieser dumpfe, platte, dämmrige Zustand, in dem ich mich nun befand, das war also unsere gewöhnliche, alltägliche Existenzweise! Damit musste ich mich nun eben abfinden – die Kapazität unseres leibverbundenen irdischen Wesens reicht offenbar nicht aus für jene aufs höchste gesteigerten emotionalen und geistigen Fähigkeiten, für jene visionären Erkenntnisse, die uns erst im Aufbruch des Todes zu Teil werden.

Auf diesen ersten Schreck hin floh ich nochmals kurz in eine milde Bewusstlosigkeit.

Als ich daraus erwachte, befand ich mich in einem kleinen, schaukelnden Raum. Ein weiß gekleideter Mann tat darin freundlich seine Pflicht, sah, dass ich mich wieder regte und fragte: ‚Wie heißen Sie? Und in welcher Krankenkasse sind Sie?'

In den folgenden Wochen im Spital war ich trotz äußerlich nicht allzu angenehmer Umstände doch sehr fröhlich und vergnügt. Die erste Enttäuschung über das Zurückkommen war rasch überwunden. Zwar empfand ich gelegentlich noch ein Heimweh nach ‚drüben', freute mich nun aber auch sehr über dieses geschenkte ‚zweite' Leben – diesmal ein Leben ohne Angst vor dem Sterben. Indem ich diese geheime Grundangst verloren hatte, schmolzen auch manche andere Ängste dahin. Allerdings erzählte ich mein Sterbeerlebnis weder den Krankenschwestern und Ärzten, noch dem Spitalgeistlichen, nur einzelnen meiner engsten Familienangehörigen gegenüber machte ich eine knappe Andeutung, dass ich kurz gestorben sei. Jahrelang scheute ich mich, über dieses für mich wichtige Schlüsselerlebnis zu sprechen, da ich es für zu persönlich hielt und auch fürchtete, man könnte mich für verrückt halten. In jenen ersten Jahren nach dem Unfall durchzuckte mich aber jedes Mal im ersten Moment eine jähe Freude, wenn ich vom Tode eines mir bekannten Menschen erfuhr – Freude für ihn, dass er nun auch diese unsäglich schöne Erfahrung mit dem Licht hatte machen können (was mich aber dann nicht hinderte, über die Trennung auch zu trauern).

Im Laufe der Jahre spürte ich eine allmähliche Entkrampfung der Menschen gegenüber dem bisherigen Tabu-Thema Tod. Raymond Moody, Elisabeth Kübler-Ross und andere machten seit Mitte der 1970er-Jahre die Beschäftigung mit dem Sterben zunehmend salonfähig. Als mir zum ersten Mal ein Buch mit einer Sammlung von Sterbeerlebnissen (,Leben nach dem Leben' von Moody) in die Hände fiel, wühlte es mich sehr auf: Nun realisierte ich, dass mein Erlebnis gar nicht so persönlich, individuell und geheim war, wie ich geglaubt hatte, sondern dass zahllose andere Menschen angesichts des Todes erstaunlich ähnliche Erfahrungen machten. Das erleichterte mich. Inzwischen sind ja zahllose analoge Berichte bekannt.

Offenbar entspricht eine derartige Nahtoderfahrung der allgemeinen menschlichen Struktur.

Allerdings ist es fast unmöglich, dieses überwältigende Erlebnis in Worte und Sprache zu fassen. So vermag denn auch obige Schilderung höchstens eine schwache Ahnung von dem zu vermitteln, was wirklich abgelaufen war."

Das Lesen dieser Zeilen fasziniert und begeistert mich immer wieder aufs Neue. Magdalen Bless hat alle Elemente erlebt, lediglich an zwei kann sie sich nicht sicher erinnern: ob ihre Heilung beschleunigt wurde und an ein Flash Forward.

Ich möchte hier noch das Beispiel einer außerkörperlichen Erfahrung bei einem von Geburt an blinden Jungen erwähnen, der diese im Alter von 33 Jahren erzählte:

Brad hatte im Alter von 8 Jahren eine Lungenentzündung und bekam Atemnot. "Auf einmal spürte ich, wie ich ganz steif und unbeweglich wurde und nach Luft rang. Ich fragte mich verwundert nach der Ursache. Alles wurde für mich sehr erschreckend und gefährlich. Ich dachte wirklich, jetzt müsse ich sterben, und ich erinnere, dass meine

Atmung tatsächlich fast zum Erliegen gekommen war. Ich bekam keine Luft mehr."

In diesem Moment begann die eigentliche NTE, als Brad sich gewahr wurde, dass er sich langsam vom Bett erhob. „Es war, als ob mein Selbst langsam durch das Zimmer aufwärts triebe." Dann begann er geradewegs aufwärts zum Dach des Gebäudes und darüber hinaus zu schweben. Als er das Gebäude hinter sich gelassen hatte, entdeckte er, dass er ziemlich klar sehen konnte. Er bemerkte, dass der Himmel bedeckt war und überall Schnee lag, die Straßen gepflügt. Dann erkannte er auch einen Spielplatz, der von den Kindern seiner Schule benutzt wurde.

Er spürte, wie er durch einen dunklen Tunnel glitt, als ob er in eine andere Sphäre gezogen würde. Als er sich dem Ende des Tunnels näherte, bemerkte er dort ein immenses Feld, das sich vor ihm ausbreitete. „Ich weiß noch, dass ich irgendwie alles, was um mich herum war, mit meinen Sinnen erfahren und buchstäblich sehen konnte."

Brad lief nun auf einem Pfad durch dieses große Feld, überwältigt von der Schönheit seiner Umgebung und dem Gefühl der Heimkehr, das ihn erfüllte: „Auf meinem Weg durch dieses Feld kam ich mir selbst außer mir vor Freude und so unglaublich erneuert vor, dass ich gar nicht weg wollte. Dort wo ich war, wollte ich niemals mehr weg. Ich fühlte mich dort zu Hause. Es war so unglaublich friedlich, dass ich keine Ausdrucksweise finde, um das Gefühl wiederzugeben – dieser Friede, diese Ruhe, diese Stille. Das Wetter war perfekt in Beziehung auf Temperatur und Luftfeuchtigkeit. So unglaublich frisch und belebend, dass die ‚frische Bergluft', die wir auf unserer Erde kennen, gar kein Vergleich ist. Absolut prickelnd, wunderbar erfrischend.

Gleichzeitig wurde mir bewusst, dass ich etwas erlebte, wobei mein Wahrnehmungsvermögen über die Sinne hinaus ging, die mir in meinem Erdenkörper zur Verfügung standen, und dass mich dieses unglaublich intensive Licht bemerken ließ, das dort herrschte. Es schien aus allen Richtungen gleichzeitig zu kommen, es umgab mich ganz und war überall, wohin ich auch sah. Das habe ich noch sehr klar in Erinnerung. Es schien alles zu durchdringen. Sogar das Gras, auf dem ich stand, schien dieses Licht einzusaugen. Es schien als ob das Licht durch alles hindurchscheinen konnte, was da war, auch durch die Blätter und die Bäume.

Alles ohne Schatten – es gab keine Notwendigkeit für Schatten. Das Licht war wirklich überall.

Und doch wunderte ich mich die ganze Zeit, wie es sein konnte, dass ich das alles wahrnahm, denn ich hatte ja noch nie zuvor etwas sehen können. Zuerst war ich stumm vor Staunen. Ich verstand zuerst gar nicht, was für einen Sinneseindruck ich da erlebte. Während ich durch dieses Feld ging, schien ich die Tatsache, sehen zu können, einfach hinzunehmen und bereitwillig zu akzeptieren. Ich hatte jedoch das Gefühl, dass ich das nicht so einfach hätte verstehen können, wenn es auf der Erde passiert wäre. Doch da, wo ich war, war ich imstande, es fast sofort zu akzeptieren."

Im weiteren Verlauf bemerkte Brad, dass seinem Gefühl nach viele menschliche Stimmen da waren. Er drückte das so aus:

„Ich erinnere mich noch, dass ich den Eindruck hatte, als ob diese Stimmen in einer Sprache zu singen schienen, die ich nicht verstehen konnte – oder vielleicht auch in vielen unterschiedlichen Sprachen. Die Musik dazu war unvergleichlich mit allem, was ich je auf dieser Erde gehört hatte, auch später nicht. Die Rhythmen waren außerordentlich hinreißend."

Je näher die Musik kam, je mehr hegte er den Wunsch, seine eigene Stimme diesem Chor hinzuzufügen. Sein Gefühl sagte ihm, dass er an der Schwelle zu etwas Großem stand, dass er dabei war, Gott zu begegnen. Was er aber als Nächstes sieht, ist ein glitzerndes Lichtgebäude, vor dem er zuerst Angst hat, es könnte ihn versengen. Als das nicht passierte, getraute er sich, es zu betreten. Er hörte auch wieder die Musik, die Gott zu preisen schien. Doch dann hielt ihn plötzlich ein fester Arm auf. Er fühlte die Präsenz einer intensiven Liebe, die dieses Wesen umgab. Er bekam zu wissen, dass er wieder auf die Erde zurückkehren müsse, weil er für diese Ebene noch nicht vorbereitet war.[27]

In diesem Erlebnis ist auch das Element E6 stark zu sehen.

Das Paradebeispiel einer ausgedehnten außerkörperlichen Erfahrung finden wir in dem Büchlein: „Rückkehr von morgen" von George Ritchie:

Ritchie starb an einer Lungenentzündung, war 10 Minuten klinisch tot und sein Körper bereits mit einem Laken bedeckt. Das bemerkte er jedoch erst, als er in den Gängen herumirrte und sein Bett suchte. Er erkannte an der Hand, die unter dem Laken herausschaute, seinen Ring an seinem Finger. Da wurde ihm bewusst, dass er tot sein musste, aber noch lebendig war. Darum antworteten oder sahen ihn die Menschen im Gang nicht. Sie liefen einfach durch ihn hindurch, oder wenn er etwas berühren wollte, ging die Hand durch den Gegenstand. Ich habe ihn bereits unter der Rubrik „Licht" erwähnt. George Ritchie machte eine ausgedehnte Reise mit Jesus zu verschiedenen diesseitigen und jenseitigen Orten. Es lohnt sich sehr, dieses Büchlein zu lesen.[28]

Auch der bereits erwähnte Architekt Stephan von Jankovich machte eine außerkörperliche Erfahrung. Er sah alles, was am Unfallort passierte und obwohl er bewusstlos da lag, erinnerte er sich an den Autostau, sah die ganze Straße, überblickte alles und alle Ärzte, die ihm begegneten.

Dr. Eben Alexander lehrte 15 Jahre lang als außerordentlicher Professor für Chirurgie mit Spezialgebiet Neurochirurgie an der Harvard Medical School. Er hatte sich ganz der Wissenschaft verschrieben. Religion oder Nahtoderfahrungen waren ihm relativ fern. 2008 erlitt er eine schwere Hirnhautentzündung, eine Coli-Meningitis. Bewusstlos und im Status epilepticus wurde er in die Notaufnahme eingeliefert. Seine Überlebenschancen wurden mit jedem Tag kleiner. Der Neocortex (der Teil des Gehirns, der den Menschen zum Menschen macht) zeigte keinerlei Funktion mehr. Eben Alexander lag 7 Tage im Koma, dann erwachte er wieder. Er wurde entgegen allen Prognosen wieder ganz gesund, was medizinisch nicht erklärbar ist. In der Zeit, in der er im Koma lag, erlebte er eine tiefe Nahtoderfahrung, die sein Weltbild total auf den Kopf stellte.

Für ihn ist jetzt eines sicher: Es gibt ein Leben nach dem Tod, auch wenn es neurowissenschaftlich nicht erklärt werden kann.

Als Erstes erinnerte Eben Alexander sich an eine Dunkelheit. Er fühlte sich, als sei er in Schlamm getaucht und sehe alles aus der Regenwurmperspektive. Es roch nach Kot und Blut.

Er hörte ein tiefes rhythmisches Pochen, es klang wie Metall auf Metall, von ferne. Während seine Wahrnehmung immer schärfer und schärfer wurde, wuchs seine Panik. Er dachte, er gehöre nicht hierher und wo immer er auch sei – er wusste nicht, wohin. Noch während Alexander über die Frage nachdachte, wie er da raus kommen könne, tauchte etwas Neues über ihm aus der Dunkelheit auf. Dieses Etwas drehte sich langsam und strahlte dabei dünne Fäden aus weiß-goldenem Licht aus. Die Dunkelheit fiel auseinander. Ein neues Geräusch war nun zu hören, ein lebendiger Klang. Es folgte das prächtigste, schönste Musikstück, das er je gehört hatte. Reines, helles Licht senkte sich herab und die Musik wurde immer lauter. Das Licht kam näher und näher. Nachdem er eine Öffnung im Zentrum entdeckt hatte, schaute er durch das Licht hindurch und bemerkte, dass er sich nach oben zu bewegen begann. Er sauste durch die Öffnung und fand sich in einer völlig neuen Welt wieder.

Unter ihm lag eine Landschaft, Sie war grün, üppig und erdähnlich. Er flog über Bäume, Flüsse und Wasserfälle, auch über Menschen. Kinder waren auch darunter, sie lachten und spielten, während die Erwachsenen sangen und tanzten. Sie trugen einfache und dennoch schöne Kleider. Die Farben strahlten, ebenso wie die Bäume und Blumen, Wärme aus. Es war unglaublich schön, und er wusste, dass das kein Traum war, sondern vollkommen real. Eine schöne junge Frau mit tiefblauen Augen befand sich bei ihm. Goldbraune

Locken umrahmten ihr liebliches Gesicht. Sie schwebten auf einer kompliziert gemusterten Oberfläche in strahlenden Farben: dem Flügel eines Schmetterlings. Er entdeckte Millionen von Schmetterlingen, die wellenförmig auftauchten und wieder verschwanden. Sie flogen vorbei an blühenden Blumen und Bäumen mit Knospen. In den Augen der Frau bemerkte er eine besondere Art von Liebe, eine höhere Liebe, die über das ihm bekannte hinausging. In ihrer Botschaft, die sie ihm, ohne Worte zu verwenden, übermittelte, sagte sie,

> dass er für immer zutiefst geliebt und geschätzt würde,
>
> dass er nichts zu befürchten habe und
>
> dass er nichts falsch machen könne.

Die Botschaft durchflutete ihn mit einer gewaltigen Erleichterung. Auch sagte sie ihm, sie würden ihm hier vieles zeigen, doch am Ende werde er zurückkehren.

Dann befand er sich an einem Ort voller Wolken, rosa-weiße Wolken, die sich scharf gegen den tief schwarz-blauen Himmel abhoben. Unermesslich viel höher über den Wolken zogen Scharen von durchsichtigen Kugeln über den Himmel und ließen lange schlangenförmige Streifen hinter sich. Ein gewaltiger, herrlicher Gesang schallte von oben und er fragte sich, ob das wohl diese Wesen waren, die ihn hervorbrachten. Es war offenbar die Freude dieser Kreaturen. Es schien, als könne man in dieser Welt nicht sehen oder hören, ohne ein Teil davon zu werden. Man war mit allem verbunden, es gab keine Trennung. Er fragte sich, was das für ein Ort sei, warum er hier sei und wer er sei. Jedes Mal, wenn er eine solche Frage aufwarf, kam die Antwort sofort, und zwar in Form einer Explosion aus Licht, Farbe und Schönheit, die wie eine hohe Welle durch ihn hindurch fegte. Die Gedanken drangen direkt in ihn ein. Er bewegte sich noch weiter und ging in eine gewaltige Leere ein – vollkommen dunkel, unermesslich groß – aber auch unendlich tröstlich. Dabei sah er ein Licht, das aus einer strahlenden Kugel zu kommen schien. Diese Kugel lebte. Er hatte das Gefühl, diese Kugel sei der Übersetzer zwischen ihm und Gott. Es gab ein Wechselspiel zwischen Fragen und Antworten. Dieses Wesen kannte ihn in- und auswendig, teilte ihm auch mit, dass es nicht nur ein Universum gebe, sondern mehrere. Die Liebe sei das Herzstück aller Universen. Bedingungslose Liebe sei ohne Zweifel die Basis von allem.

Mehrmals fiel Eben Alexander in die Regenwurm-Perspektive zurück, konnte aber von dort aus erneut die Reise ins Zentrum unternehmen.

Alexander konnte sich nicht an einen Lebensrückblick erinnern, in seinen Erfahrungen spürte er nichts mehr von seiner irdischen Realität. Der Lebensrückblick steht, so Rudolf Steiner, am Anfang einer NTE, in der Ablösungsphase, wenn die Seele den Körper verlässt. Vielleicht konnte Eben Alexander sich wegen der Meningitis nicht erinnern.

Diesbezüglich habe ich bei Magdalen Bless noch genauer nachgefragt. Sie schrieb mir: „Während des Lebensfilms war ich mir meiner irdischen Realität aufs Intensivste bewusst. Auch dass ich die Großmutter und weitere bekannte Verstorbene sah, hing eng mit meiner irdischen Existenz und Identität zusammen. Danach aber, während meines Wissens-Trips im Universum und bei der Begegnung mit dem wunderbaren Licht der Liebe, war das irdische Leben bereits weit, weit weg. Ich war zwar immer noch ich, absolut ich selbst – geradezu potenziert ich (offenbar ähnlich, wie es Anita Moorjani beschreibt) – aber ich war so völlig absorbiert von diesen faszinierenden Erfahrungen, dass die irdische Existenz ganz in den Hintergrund getreten war, sie erschien sozusagen vergangen und abgelegt, wie ein Kleid, das man ausgezogen hat. Erst das Rufen meines Vaters erinnerte mich wieder daran."

Anhand eines Fotos identifizierte Eben Alexander die Frau auf dem Schmetterlingsflügel als seine verstorbene leibliche Schwester, die er nicht kannte. Bezeichnenderweise war Alexanders Schwester mit einem Schmetterlingsflügel verbunden. Der Schmetterling ist ja ein Symbol der Befreiung der Seele vom Körper.

Die singenden Kugeln waren möglicherweise Seraphine. Eben Alexanders Bewusstsein reichte weit ins Universum hinein, in geistige Reiche, die Nahtoderfahrene selten sehen. Er war nicht nur im Reich der verstorbenen Menschen, er war auch im Engelreich. Er konnte die Erde als blauen Punkt sehen.[29]

Dr. Edgar Mitchell sah als Astronaut die Erde vom All aus ebenfalls als blau-weiße Kugel. Das beschrieb er in seinem Buch „Wege ins Unerforschte". Mitchell machte auf der Heimreise vom Mond zurück zur Erde eine spirituelle Erfahrung, die auch später nichts von ihrer Klarheit einbüßte. Er fühlte sich verbunden mit etwas unfassbar Großem und mit all den Himmelskörpern, die sein Raumschiff umgaben. Edgar Mitchell erlebte das, was als Ekstase der Einheit beschrieben worden ist. Er war überwältigt von dem Gefühl seiner körperlichen und geistigen Ausdehnung in den Kosmos hinein. Die Beschränkungen und Begrenzungen von Fleisch und Knochen fielen weg.

Später widmete sich Mitchell der Erforschung des Bewusstseins und wollte die Kluft zwischen Wissenschaft und Religion überbrücken. Er bezeichnete Resonanz und Nichtlokalität als fundamentale Schlüssel zur gesamten Funktionsweise der Psyche.

Steve musste sich im Alter von 24 Jahren einen Weisheitszahn ziehen lassen. Vor der Operation bekam er ein Beruhigungsmittel in den linken Arm gespritzt und danach Natriumpentothal, ein starkes Schlafmittel. Dieses schien jedoch nicht zu wirken, sodass ihm der Arzt insgesamt vier Spritzen gab. Nach dem Eingriff, der etwa zwei Stunden dauerte, wurde Steve in einen dunklen, fensterlosen Postoperationsraum gebracht. Dort kam es zu seiner Erfahrung:

„Als ich aufwachte, war ich von einem fließenden, weißen Licht geblendet. Ich dachte, das sei eine Nachwirkung der Narkose und wie seltsam es sei, dass es über meinen Sehnerv und meinen ganzen Körper floss. Ich stand sofort auf und blickte auf die Krankenschwester, die mir auf die Beine geholfen hatte.

Es war keine Krankenschwester. Sie war in Licht gekleidet, unglaublich schön und liebenswert. Sie war die schönste Frau, die ich je gesehen hatte. Ich musste fast weinen, wenn ich daran denke. Sie trug ein weites, weißes Gewand, das Licht ausstrahlte. Das Licht, das aus ihrer Mitte leuchtete und sie umgab, floss in mich, es schien sich in alles hinein zu ergießen. Es war strahlend schön. Dieses Licht und die Gesichtsfarbe der Frau hatten eine erstaunliche Wirkung auf mich. Ihre Gesichtszüge wurden von diesem inneren Licht überstrahlt. Ich konnte ihre Liebe und Fürsorge im wahrsten Sinne des Wortes fühlen. Ich hatte den Eindruck, dass sie mich sehr gut kannte, dass sie mir sehr vertraut war, aber sie sagte nichts dergleichen. Dann blickte ich zurück auf meinen Körper herab, der noch zugedeckt auf dem Krankenbett lag. Da war ich also, ich stand neben einem Wesen aus Licht und gleichzeitig schaute ich auf meinen daliegenden Körper. Irgend etwas stimmte hier nicht.

Aber noch ehe ich darüber nachdenken konnte, griff sie meinen Gedanken auf und sagte: ‚Mach dir keine Sorgen, du bist nicht tot. Du bist vollkommen lebendig. Dein Herz schlägt noch. Schau!' Ich sah hin – konnte hineinsehen. Ich sah, wie sich die Kammern mit Blut füllten und wieder leerten. Gerade als ich mich zu fragen begann, weshalb sie hier sei und was mit meinem Körper vorgehe, griff sie meine Gedanken erneut auf und sagte: ‚Du atmest nicht regelmäßig, womöglich fällt deine Atmung ganz aus. Ich bin hier, um sie zu stabilisieren und dafür zu sorgen, dass dein Problem sich nicht verschlimmert. Du bist sehr wertvoll, niemand will bezüglich deines Lebens ein Risiko eingehen.' Sie führte mich zur Seite und ich blickte wieder zurück auf meinen Körper auf dem Bett. Zwei Wände trennten uns. Sie hatte einen Schleier aus Energie an ihrem Rücken, der ihre Welt von der meinen abtrennte. Ich begriff sofort, dass mir nicht erlaubt war, dort durchzugehen. ‚Es ist eine Einbahnstraße. Wenn du dort durchgehst, kannst du nicht mehr hierher zurück. Dann ist dein Leben vorbei und du hast nicht getan, was du musst.' Herrliche Lichtscherben in sämtlichen Farben umspielten die Öffnung. Sie erschienen und verschwanden wieder, als würde die Lichtenergie gebrochen und am Kontrapunkt der beiden Welten mit ihren unterschiedlichen Energiestufen zertrümmert.

Ich fühlte mich wunderbar. Dann sagte sie, es sei jetzt an der Zeit, zurückzukehren, meine Atmung habe sich stabilisiert, und mein Nervensystem könne jetzt wieder selbstständig arbeiten. Ich sah, wie sich ihr Licht von mir zurückzog, während sie meinem Blick entschwand. Es hielt noch 2 bis 3 Sekunden an, als ich bereits wach war und bemerkte, dass meine Frau mein Gesicht in ihren Händen hielt."[30]

Meines Erachtens nach hatte Steve eine Vergiftung durch das Natriumpentothal mit Atembeschwerden. Daher löste sich seine Seele vom Körper. Er machte später die typische Veränderung durch, die bei NTEs stattfinden. Er fühlte sich auch nicht verwirrt, sondern konnte selbstkritisch sein und überlegen. Ihn verwundert, was sich da abspielte. Während des gesamten Prozesses konnte Steve immer klar denken. Was hier sehr eindrücklich beschrieben wird, ist ein Heilungsprozess durch das Licht, der dazu führte, dass Steve wieder in seinen Körper zurückkehren konnte. Es gibt einige Beispiele, bei denen eine Heilung stattfindet. Das war auch bei George Ritchie, Howard Storm (die Überlebenschance bei Magen- oder Duodenumdurchbruch liegt ohne Behandlung bei maximal fünf Stunden. Howard Storm wurde erst nach 9 Stunden operiert, was seinen kritischen Zustand erklärt), Anita Moorjani und anderen der Fall. Auch die Erfahrung der Grenze, die nicht überschritten werden durfte, kommt bei vielen NTEs vor.

Mary C. Neal ist Fachärztin für Wirbelsäulenchirurgie. Sie beschreibt in ihrem Buch „Einmal Himmel und zurück" eine Nahtoderfahrung, die sie bei einem Kajak-Unfall erlebte. Dabei machte sie eine außerkörperliche Erfahrung mit der Begegnung von Engeln und Lichtwesen.

Das Buch von Mary C. Neal ist aber auch vom psychologischen Standpunkt aus sehr interessant. Als Chirurgin erlitt sie selbst Unfälle und Verletzungen am eigenen Bewegungsapparat , durch die sie Erfahrungen machte, die ihr Bewusstsein erweiterten. Auch starb ihr ältester Sohn mit 19 Jahren an einem Unfall, was überaus schmerzhaft war – und auch dadurch kam sie zu neuen Erkenntnissen. Die Ehrlichkeit und der Mut, mit denen sie ihre Lebenserfahrungen beschreibt, sind sehr bewundernswert.

Es gibt verschiedene Gründe für den Austritt der Ich-Seele aus dem Körper: Schock bei einem gesunden Körper, bspw. durch beinahe Ertrinken, Stürze und Unfälle anderer Art, bei Erkrankungen wie Herzstillstand, Atemstillstand oder Vergiftung.

Vorausschau oder Flash Forward (E10)

Emma Otero erzählt mir von ihrem Leben vor und nach ihrer Nahtoderfahrung:

„Es war eine Traumgeburt, die Geburt unseres dritten Kindes. Sie kam zwar verspätet in Gang, wie die beiden andern Geburten zwei und vier Jahre zuvor auch. Aber sie war einfacher, kürzer, weniger schmerzhaft. Einfach gut. Mein Mann ging nach Hause, um die Neuigkeit meiner Familie mitzuteilen. Janine war ein großes, kräftiges Mädchen. Sie zeigte von Anfang an eine große Präsenz.

Es blutete nach wie bei jeder Geburt. Jedoch schon nach kaum einer Stunde wurde die Situation gefährlich. Ich verlor unspezifisch viel Blut, dann wieder eine Viertelstunde kaum, dann wieder sehr viel auf einmal.

Ich bekam Angst um mein Leben, haderte mit meinem Schicksal.

Ich wollte meine Kinder wachsen sehen und sagte zu Gott oder mir selber: ‚Ich will unbedingt meine Kinder großziehen, danach ist es mir egal, was passiert.'

Ich wurde in Narkose gelegt, was mich aus diesem Überlegungs- und Haltestress erlöste. Ich konnte mich endlich entspannen.

Ich habe einen kurzen Augenblick aus einer dunklen Ecke heraus auf einen ausgestreckten Körper gesehen. Darum herum standen sechs Personen, die sich alle darüber beugten, oder irgendwie mit ihm beschäftigt waren.

Es kümmerte mich nicht, was damit geschah, denn in meiner Umgebung war es angenehm. Ich flog dann von diesem dunklen Raum nach vorne und gleichzeitig rückwärts auf ein immer größer werdendes Licht zu. Ein fantastisches, wunderbares Gefühl. Irgendwann stand ich mittendrin: im Licht, in der Liebe, die sowohl innerhalb wie außerhalb von mir eine unendlich wohltuende Umgebung war. Ich traf dort auf einen meiner verstorbenen Großväter, so wie auf viele andere, mir mehr oder weniger bekannte Personen. Ich kam ins Fragen. Dieses Fragenstellen beinhaltete gleichzeitig die Antwort. Es war also ein Gedankenaustausch, der unter diesen Personen stattfand. Auch sah ich Worte durch die Luft fliegen, solche, die direkt aus meinem Herzen kamen, andere, die da hineingingen, andere, die wie fliegende Untertassen an mir vorbeiflogen.

Ich konnte alles verstehen, was da war. Auch alle Gefühle, Gedanken, Emotionen, Energien, oder wie man die Situation auch beschreiben mag. Es beinhaltete das ganze, große Wissen aller Dinge. Ich spürte alle meine Emotionen, die gleich schnell mir auch Informationen gaben. Alles erlebte ich in totaler Ruhe, denn alle Fragen waren gleichzeitig Antworten, die alles in ein Gefüge brachten, das die totale Ruhe und Liebe ausstrahlte. Alles war in Ordnung, so wie es ist und sein muss. Ich hatte das Gefühl, ganz und nicht entpersönlicht zu sein. Gleichzeitig gehörte ich zu diesem ganzen Wissen, war Teil davon, sowohl als Beobachterin als auch Akteurin, wenn ich aktiv mitdenken konnte.

Also habe ich immer sehr Mühe, zu sagen, dass ich außer mir war. Ich war wohl außerhalb meines physischen Körpers, nicht aber außerhalb meiner Persönlichkeit, die ich als so fest wie nie zuvor verspürt hatte.

Irgendwann erwachte ich aus dieser Situation und hatte Schmerzen am ganzen Körper. Meine Arme und Beine wiesen viele Einstichstellen auf, durch die der Arzt Infusionen und Transfusionen legen wollte, die wohl nur mit viel Mühe und langem Suchen gelegt werden konnten. Mein Kind konnte ich kaum in die Arme nehmen, so schmerzten mich diese. Es machte mich zusätzlich traurig.

Abends kam der Arzt ins Zimmer und erklärte mir, dass er mich von weither geholt hatte. Der Grund war eine gerissene Gebärmutterarterie.

Ich bekam in diesem Moment einen riesigen Schreck, denn ich bin mir jetzt erst bewusst geworden, dass ich eigentlich gerade am Tod vorbei kam.

Ich bekam Schuldgefühle, Ängste und später dann auch starke Depressionen. Ich ging zum Arzt, der mir in nur gerade mal drei Minuten Gespräch Beruhigungsmittel verschrieb, von denen ich nach kurzer Zeit abhängig geworden bin. Ich musste mich damals psychiatrisch behandeln lassen, weil ich mit meinen drei Kindern und der Situation total überlastet war. Zudem hatte ich keine Ahnung von NTEs. Ich litt an großer Schlaflosigkeit, musste vorübergehend Schlaftabletten nehmen.

Der Psychiater, bei dem ich einige Wochen war, fragte mich schon anfangs der ersten Stunde, ob ich an etwas glaubte. Er erklärte mir, dass er an keinen Gott oder Ähnliches glaube. Wonach ich ihm kaum etwas von meinem Traum oder anderen inneren Erfahrungen erzählen konnte.

Ich nahm aus meiner Erfahrung ein Bild mit, das mich wochenlang beschäftigte. Ich sah eine junge Person, halb nackt, auf Zeitungen liegen. Sie lag, nach Gewalt, vor einem Holzregal, das ich als ein Kellerabteil eines Mehrfamilienhauses interpretierte.

Und man findet sie lange nicht.

Es war ein Schwarz-Weiß-Bild, das ich nicht in mein Leben einreihen konnte, das aber große Ängste auslöste.

Als meine jüngste Tochter dann so drei oder vier Jahre alt war, spürte ich in mir, wie es sagte, dass ich mich darum nicht sorgen sollte, es sei für später. Ich verstand nicht viel von inneren Prozessen und Psychologie und nahm mich nicht sehr ernst.

Ich legte dieses Bild auf die Seite und damit auch etwas meine Sorgen und Ängste. Sie waren aber latent immer da. Sobald meine Kinder außer Haus waren, kam dieses Bild regelmäßig hoch. Als die

Jungen dann in die Pubertät kamen, und abends nicht oder zu spät nach Hause kamen, tauchte es jedes Mal wieder auf. Ich wollte sie suchen gehen, schickte manchmal meinen Mann auf die Suche nach ihnen, fragte bei Bekannten nach oder verständigte die Polizei. Mein Mann litt auch sehr unter meinen Ängsten, denn er empfand es als übertrieben. Ich konnte nicht verstehen, warum er mich nicht verstand. Ich zweifelte an Vielem und an Vielen.

Ich begann erneut eine Therapie, diesmal auf alternativer Basis. Ich musste meine Ängste in den Griff bekommen. Auch hatten sich inzwischen massive familiäre Missstände entwickelt. Durch mein Hinterfragen der Dinge, mein In-Frage-Stellen der Familie und des Lebens, wurde es für mich zunehmend schwieriger. Mir fehlte jegliche Unterstützung.

Mein Mann kam eines Tages nach Hause mit einer Geschichte einer welschen Autorin, Evelyn Elsaesser-Valarino, über Nahtoderfahrung. Ich brach in Tränen aus und konnte ihm sagen, dass es genau das war, das ich damals erlebte.

NTE wurde dann unter uns zu einem Thema. Er und ich konnten von nun an meinem Unwohlsein einen Namen geben.

Mit knapp 18 Jahren zog unsere jüngste Tochter aus. Zuerst zu einem Freund, dann in ein eigenes Studio in unserer Region.

Kurz vor ihrem 20. Geburtstag rief sie mich an und fragte mich, ob ich sie in ein paar Tagen zum Flughafen begleiten könne. Sie brauche unbedingt eine Auszeit und wolle mit einem Freund nach Barcelona fliegen. Sie erklärte mir, dass sie vielleicht nicht mit diesem Freund zurückfliegen würde, falls sie dort alte Bekannte träfe. Janine wohnte mit 16 eine Zeit lang dort.

Ich wollte unbedingt mit ihr und diesem Freund noch sprechen. So entschied ich, die beiden nach Genf zu fahren. Ich konnte Janine jedoch per Telefon nicht mehr erreichen.

Am Tag der Abreise rief mich ihr Freund an und fragte nach Janine. Er war sehr irritiert, denn auch er konnte sie seit fast 24 Stunden nicht erreichen. Janine war eine sehr kommunikative, extravertierte Persönlichkeit. Es war nicht ihre Art, auf Telefonate von ihr geliebten Menschen nicht zu antworten.

So trafen wir uns vor ihrem Studio. Dieses war von innen geschlossen. Wir brauchten also die Polizei, Schlüsselservice und Ambulanz. Sie brachen die Türe auf und da kam mir das seit Jahren bekannte Bild entgegen, diesmal in Farbe und in ganzer Realität.

Eine junge Person, Janine, halb nackt auf Zeitungen liegend, vor einem Holzgestell, (ein Regal, das das Zimmer in zwei Teile trennte). Es waren schon fast 24 Stunden vergangen, seitdem sie kein Lebenszeichen geben konnte.

Janine wurde reanimiert und ins Inselspital gebracht mit einer massiven Hirnblutung. Grund war eine arteriovenöse Missbildung im Gehirn, von der wir erst hier erfahren haben. Gewalt hatte sie zuvor von einem Ex-Freund erlebt, gegen den ein Verfahren lief. Janine wurde von ihm massiv mit den Füßen gegen den Kopf getreten, bis zur Bewusstlosigkeit.

Es war dieses Schwarz-Weiß-Bild, das ich fast 20 Jahre lang mit mir herumgetragen habe, seit meiner NTE, über das ich mit niemandem sprechen konnte, das mir jahrelang Unbehagen bereitete, ohne dass ich dagegen etwas hätte tun können, das hier nun aufgelöst wurde.

Es waren wohl die seltsamsten Momente meines Lebens. Ich litt unter dem Schock der Situation und der Angst um das Leben meines Kindes. Gleichzeitig löste sich dieses Bild auf, das mir über Jahre am meisten Angst gemacht hatte und ich empfand Befreiung.

Im Inselspital wurde sie dann noch zwei Mal operiert. Nach einer Woche mussten wir entscheiden, wie es weitergehen sollte. Tracheotomie und weiter auf ungewisse Zeit und dementsprechend ungewisse Zukunft an die Maschine hängen, oder sie von den Apparaten nehmen und dem Leben den Lauf geben, egal wie es ausgehen wird.

Ich wusste inzwischen, denn meine langen Therapiestunden haben mich so einiges über Leben und Sterben gelehrt, dass ein Leben zwischen zwei Welten nicht angenehm ist und ich es niemandem wünschte.

Ihre elementaren Reflexe waren nicht mehr da, nachdem sie aus dem künstlichen Koma herausgeholt wurde. Wir entschieden, gemeinsam mit den Ärzten und dem Pflegeteam und einer guten Seelsorge, Janine ihren eigenen Weg gehen zu lassen und sie von den Apparaten zu nehmen, egal wie es dann aussehen wird. Wird sie ohne Maschine weiterleben können, so nehmen wir sie, wie sie dann sein wird. Wenn nicht, darf sie sterben und in einer anderen Existenz weiterleben. Ihr eigener Sterbeprozess dauerte dann noch eineinhalb Stunden.

Es war wohl die schwierigste Entscheidung in meinem Leben.

Ich bin dem Leben dankbar, dass ich diese NTE zuvor erleben durfte. Es erleichterte mir wohl diesen Schritt sehr."

Emma Otero erlebte eine sehr tiefe Nahtoderfahrung nach der Greyson Scale. Auch zeigte sie praktisch alle Elemente. Es ist sehr bedauerlich, dass sie nicht mehr Verständnis für ihre Situation bekommen konnte. Mit mehr Wissen und Einfühlung hätte man ihr einiges ersparen können.

Heilung (E13)

Anita Moorjani erlebte wohl eines der eindrücklichsten Beispiele von Heilung im Zusammenhang mit einer Nahtoderfahrung.

Anita Moorjani ist Inderin und im hinduistischen Glauben erzogen worden, sie hatte ein chinesisches

Kindermädchen und absolvierte eine christliche Schule. Dies führte zu Glaubenskonflikten, die sie verunsicherten und einengten.

2002 wurde Anita Moorjani mit der Diagnose Morbus Hodgkin, Lymphknotenkrebs, konfrontiert. Stadium IIA. Das war ein großer Schock für sie. Da sie Angst vor Spitälern und Chemo hatte, versuchte sie es 4 Jahre mit allen möglichen Heilmethoden. Schlussendlich ging es ihr so schlecht, dass sie ins Koma fiel und notfallmäßig in die Klinik eingewiesen wurde: Stadium IVB. Der Onkologe meinte zu ihrem Mann, es wäre zu spät, um sie noch zu retten.

Anita Moorjani lag bewusstlos da und sah und hörte alles. Sie wollte ihre Angehörigen trösten und konnte nicht begreifen, dass das nicht möglich war. Sie war sich aller Vorgänge um sie herum schärfer bewusst, als jemals zuvor im normalen Bewusstseinszustand. Sie bemerkte, dass sie sich nicht ihrer fünf Sinne bediente, und doch nahm sie intensiver wahr, als sonst. Sie schien alles Geschehen gleichsam zu umfassen, so als würde sie langsam mit allem verschmelzen. Sie bekam alles voll und ganz mit. Obwohl alles gleichzeitig zu geschehen schien, wurde immer das, worauf sie sich konzentrierte, in eben dem Augenblick klar. Sie fühlte sich plötzlich so frei und leicht und beschrieb, dass sie sich noch nie so gut gefühlt hätte. Keine Schläuche mehr, keinen Rollstuhl mehr. Sie konnte sich ungehindert überall hinbewegen. Und das Atmen fiel ihr nicht mehr schwer – wie erstaunlich war das alles. Sie empfand keine gefühlsmäßige Bindung mehr an ihren scheinbar leblosen Körper. Er fühlte sich nicht so an, als wäre er der ihre. Sie empfand sich frei und großartig, jeglicher Schmerz und Kummer war verschwunden. Sie war wie schwerelos und bemerkte, dass sie zu jeder Zeit überall sein konnte. Sie hörte auch Gespräche ihres Arztes mit dem Ehemann im Gang. Sobald sie begann, an all dem, was sich um sie herum abspielte, emotional teilzunehmen, fühlte sie sich gleichzeitig davon weggezogen, so als gäbe es ein Gesamtbild, einen Masterplan, der sich entfaltete. Sie spürte, wie sie wieder losließ, als sie zu verstehen begann, dass alles perfekt war und nach Plan lief. Während ihre Emotionen vom Umfeld abgezogen wurden, bemerkte sie, dass sie sich weiterhin kontinuierlich ausdehnte und den ganzen Raum ausfüllte, bis es zwischen ihr und allem anderen keine Trennung mehr gab. Sie nahm zugleich ihren Bruder wahr, der im Flugzeug saß, auf dem Weg zu ihr. Je mehr sie sich ausweitete und ihre Anhaftungen an die ihr Nahestehenden abfielen, desto mehr fühlte sie sich umgeben von einer großartigen, bedingungslosen Liebe. Es kam ihr nicht so vor, als ob sie sich körperlich an einen andern Ort begeben würde, eher war es so, als sei sie erwacht. Ihre Seele erkannte endlich ihre wahre Größe. Liebe, Freude Ekstase und Ehrfurcht strömten in sie ein. Sie hatte plötzlich Kenntnis von Dingen, von denen sie physisch gesehen gar keine Kenntnis haben konnte. Dem Gefühl von vollständiger, reiner, bedingungsloser Liebe kam nichts gleich, was sie je zuvor erfahren hatte. Zu ihrem Erstaunen wurde sie sich der Präsenz ihres vor sieben Jahren verstorbenen Vaters bewusst. Sie konnte es nicht fassen. Es waren keine Worte, eher Gedanken und Gefühle, die er übermittelte. Dann erkannte sie die Essenz ihrer besten Freundin Soni, die drei Jahre zuvor an Krebs gestorben war. Sie empfand eine freudige Erregung. Sie war sich auch anderer Wesen um sie herum bewusst, sie erkannte sie nicht, wusste aber, dass sie sie sehr liebten. Für Soni fühlte sie nichts als bedingungslose Liebe, es war, als ob ihr Wesen mit Sonis Wesen verschmölze und sie wurde sie. Sie begriff, dass Soni fähig war, für alle, die ihr nahestanden, jederzeit allerorten zu sein. Anita hatte ein Gesichtsfeld von 360 Grad und totales Gewahrsein von ihrer Umgebung. Auch die Zeit fühlte sich anders an, sie fühlte alle Augenblicke gleichzeitig. Es wurden ihr Leben bewusst, die sich anscheinend gleichzeitig abspielten, es schien sich um Szenen aus einer historischen Vergangenheit zu handeln, doch es fühlte sich so an, als geschähe es hier und jetzt.

Sie kam zu dem Schluss, dass die fünf Sinne für uns eine Beschränkung darstellen, was zur Folge hat, dass wir uns immer nur auf einen Punkt in der Zeit fokussieren können. Die Illusion linearer Realität kommt dann dadurch zustande, dass wir diese Punkte aneinanderreihen. Darüber hinaus sind die körperlichen Gegebenheiten unserer Wahrnehmung auf den physisch direkt zugänglichen Raum um uns herum begrenzt. Wir nehmen nur wahr, was unsere Sinne erfassen. Als die körperlichen Beschränkungen weggefallen waren, nahm Moorjani alle Punkte von Zeit und Raum, die sie betrafen, zur gleich Zeit wahr.

In diesem Zustand der Klarheit erkannte sie auch, dass sie nicht die war, die zu sein sie immer geglaubt hatte. Hier war sie ohne ihren Körper, ihre Rassenzugehörigkeit, Kultur, Religion oder

Glaubensvorstellung – doch sie existierte weiterhin. Sie hatte das Gefühl, ewig zu sein. Es fühlte sich weitaus größer, intensiver und ausgedehnter an, als ihr körperliches Ich. Es war großartig.

Anita fühlte sich ganz und gar in ein Meer von bedingungsloser Liebe und Akzeptanz getaucht. Sie hatte das Gefühl, sie verdiene es, geliebt zu werden, einfach, weil sie existiere. Sie erfuhr eine Transformation, in der ihr Selbst zum klaren Licht ihres eigenen Gewahrseins wurde. Ihr eröffnete sich auf eine intensiv, unmittelbare erlebte Weise, dass wir alle miteinander verbunden sind. Und sie realisierte, dass der Krebs keine Bestrafung für etwas war, das sie falsch gemacht hatte, sondern dass alle ihre getroffenen Entscheidungen und jeder Gedanke in ihrem bisherigen Leben sie in diesen Moment gebracht hatten. Jeder Augenblick birgt unendlich viele Möglichkeiten in sich. Moorjanis Krankheit war die Manifestation ihrer vielen Ängste und ihrer großen Kraft.

Dann gewahrte sie, dass die Essenz ihres Vaters nun auf eine direktere Art mit ihr kommunizierte. Er nannte sie Schatz, und er möchte, dass sie weiß, dass es noch nicht an der Zeit ist, nach Hause zu kommen, dass es jedoch ihre Entscheidung sei, ob sie mit ihm kommen oder in ihren Körper zurückkehren wolle.

Sie konnte den Gedanken an eine Rückkehr nicht ertragen, wollte auf immer und ewig da bleiben, wo sie war. Sie wusste, wenn sie den Tod wählte, würden die Testergebnisse ein Organversagen anzeigen. Wenn sie sich aber zur Rückkehr in das physische Leben entschied, würden sie zeigen, dass ihre Organe wieder zu funktionieren begannen. Ihr Vater machte ihr klar, dass, wenn sie jetzt die Grenze überschritt, sie nicht mehr umkehren könne. In dem Augenblick, in dem sie die Entscheidung traf, weiter auf den Tod zuzugehen, wurde sie sich einer neuen Ebene der Wahrheit bewusst. Da sie erkannt hatte, wer sie wirklich war, und die wunderbare Größe ihres wahren Selbst begriff, würde, wenn sie sich zur Rückkehr ins Leben entschied, ihr Körper rasch heilen. Sie verstand, dass ihr Körper lediglich eine Widerspiegelung ihres inneren Zustands ist. Ihr wurde klar, dass sie ihr ganzes bisheriges Leben nur eines zu tun gehabt hatte: sie selbst zu sein, ohne Verurteilung oder das Gefühl, mit Makeln behaftet zu sein. Und wie zur Bestätigung ihrer Erkenntnis merkte sie, dass sowohl ihr Vater als auch Soni ihr übermittelten, dass sie jetzt, da sie die Wahrheit kenne und wisse, wer sie wirklich sei, in ihr Leben zurückkehren solle.

Am 02.02.2006 erwachte Anita abends aus dem Koma. Ihre ursprüngliche Diagnose war Morbus Hodgkin Stadium IVB. Nach 5 Tagen konnte sie die Intensivstation verlassen und am 09.03.2006 wurde sie als geheilt entlassen. Die Ärzte konnten das nicht verstehen. Auch ihre NTE konnten sie nicht verstehen. Ein externer Arzt studierte die Krankengeschichte und meinte, wie auch immer er es betrachte, eigentlich sollte sie tot sein.[31]

Auch bei Howard Storm war es auffällig, dass er ein paar Tage nach der Operation nach Amerika zurückfliegen konnte und zu Hause weiter im Spital gepflegt wurde. Durch eine visionäre Information wurde er angeleitet, Tickets für den Retourflug zu bestellen, und war fähig, die Reise anzutreten. Bei George Ritchie konnten sich die Mediziner die Genesung ebenfalls nicht erklären, ebenso wenig bei Eben Alexander.

Im Beispiel von Steve tauchte ein Wesen auf, das dafür sorgte, dass seine Atmung sich stabilisierte und er wieder zurückkommen konnte.

Was für im Gesundheitswesen Tätige wichtig ist im Umgang mit Nahtoderfahrenen

Für den Patienten, der eine NTE erfahren hat, ist es von großer Bedeutung, dass seine Erfahrung ernst genommen wird. Diese Erfahrungen sind so tief greifend, dass sie in der Regel zu einer seelisch-geistigen Transformation führen. Die meisten Patienten möchten gerne über das Erlebte reden und dazu braucht es mindestens ein respektvolles Zuhören. Wenn es jemandem schwerfällt, den Erlebnissen eines Patienten mit größtmöglicher Ernsthaftigkeit und Mitgefühl zu folgen, ist es sinnvoll, hier jemanden zu suchen, der das kann. In diesem Zusammenhang erscheint es mir sehr wichtig, dass Ärzte und Pflegepersonal etwas über NTEs wissen. Bitte sagen sie dem Patienten nie, das sei ein physiologischer Effekt, eine Halluzination oder medikamentös bedingt. Leider hören Patienten das noch recht häufig. Was der Patient erlebt hat, ist für ihn zunächst oft selbst erstaunlich und er hätte nicht damit gerechnet, eine solche Erfahrung zu machen, diese Realität vorzufinden. Doch nun ist es seine Realität und mit der muss er ab jetzt umgehen. Glücklicherweise ist es zumeist eine sehr erfreuliche Realität, manchmal beinhaltet sie aber auch sehr belastende Elemente. Diese Realität darf nicht einfach abgewertet oder ignoriert werden, nur weil sie dem Zuhörer unbekannt ist. Am besten ist es, den Patient erzählen und ihn auch selbst interpretieren zu lassen. Ebenso ist es wichtig, dem Patienten mitzuteilen, dass er mit seiner Erfahrung nicht alleine ist, dass es Millionen von Menschen gibt, die so etwas schon erlebt haben – mit den gleichen Elementen, und trotzdem mit ganz spezifischem, persönlichem Inhalt. Dabei ist es von Vorteil, wenn man selbst die Elemente einer NTE kennt. So lassen sich die Erkenntnisse des Patienten durch weiterführende Fragen vertiefen.

Ein brauchbares Werkzeug dafür stellt die Greyson NDE dar. Diese Skala umfasst 16 Fragen, wobei jede Frage 3 Antwortmöglichkeiten beinhaltet, die je einen Punktewert ergeben. Auf der Greyson NDE Scale ist 7 der niedrigste Wert, bei dem noch von einer NTE gesprochen wird. Ein Wert von 32 steht für eine sehr tiefe NTE.

Auch Angehörige sollten in das Thema einbezogen werden, weil diese das Erzählte häufig nicht verstehen und ablehnend reagieren. Das kann zur Folge haben, dass sich der Patient verschließt und allein fühlt. Es hat sich als wertvoll herausgestellt, wenn der Patient innerhalb von 5 Tagen über seine Nahtoderfahrung sprechen kann, so er bereit dazu ist.

Wenn alle Patienten, die reanimiert wurden, vorsichtig und mit bedacht gefragt würden, ob sie während der Reanimation oder im Koma etwas Spezielles erlebt hätten, das einen großen Eindruck auf sie gemacht hätte, würde man den Patienten und seinen Angehörigen einen großen Dienst erweisen, der die heilenden Energien des Patienten fördert. Es braucht dazu nicht in erster Linie einen Psychiater, sondern jemand, der dem Thema offen gegenübersteht und sich einfühlen kann.

Forschungen auf dem Gebiet der Nahtoderfahrungen

Aus der deutschsprachigen Schweiz sind mir keine Forschungen bekannt.

In der Westschweiz gibt es seit 10 Jahren die Organisation Noêsis. Sie widmet sich der Erforschung veränderter Bewusstseinszuständen. 2011 hat Noêsis ein Buch zu diesem Themenkomplex herausgegeben.[32]

Auch Evelyn Elsaesser-Valarino hat sich in Lausanne an einem Forschungsprojekt beteiligt.

Aber prospektive klinische Studien sind mir nicht bekannt.

Was spricht dafür, auf diesem Gebiet weiter zu forschen?

Bereits die wenigen oben angeführten Beispiele lassen erahnen, welche neuen Lebensperspektiven sich eröffnen. Das Sterben bekommt eine neue Bedeutung.

Für viele Menschen, die in ihren NTEs positive Erfahrungen gemacht haben, ist es immer noch schwierig, über ihre Erlebnisse zu berichten – zu groß ist die Angst, nicht verstanden oder für verrückt gehalten zu werden. Durch weitere Forschungen und Publikationen könnte hier viel Leid verhindert werden.

Außerdem kann weitere Forschung uns auch tieferen Einblick in die Funktion unseres Bewusstseins geben, und in das Leben selbst. Das Bewusstsein existiert offenbar auch ohne unseren Körper, was die Out-of-Body-Phänomene, sowie die Erkenntnisse, die Menschen unter Narkose oder im Koma erlangen, zeigen.

Bis jetzt hat man in Reanimationsräumen versucht, durch versteckte Zeichen, von denen man hoffte, dass die Patienten sie während ihrer NTE sehen würden, herauszufinden, ob die Menschen wirklich außerhalb ihres Körpers sind. Das hat aber nicht funktioniert – möglicherweise, weil das menschliche Bewusstsein dort ist, wo die Aufmerksamkeit ist. Manchmal schauen die Patienten in ihrer Nahtoderfahrung der eigenen Reanimation zu. Wenn sie dann aber merken, dass sie sich nicht verständlich machen können, verlieren sie das Interesse und fliegen davon. Ich denke, man müsste sehr auffällige Zeichen setzen, um dadurch das Interesse zu wecken.

Es wäre sicher wichtig und wünschenswert, wenn man die Forschung in dieser Richtung weiterführen würde. Aber noch wichtiger ist es meiner Ansicht nach, dass die vielen bekannten Berichte und Studien ernst genommen werden.

3. Analyse der oben erwähnten Nahtoderfahrungen

Ich möchte in dieser Analyse die Elemente, die die Nahtoderfahrenen erlebt haben, miteinander vergleichen.

Element 1 (E1): Das Unaussprechliche der Erfahrung

Jeder Nahtoderfahrene erlebt Sprachlosigkeit angesichts der eigenen Erfahrung. Etwas in Worte zu fassen, für das es keine Worte gibt, ist schon allein dem Aspekt der Zeitlosigkeit geschuldet, die wir im Alltagsbewusstsein nicht kennen. Die Welt, die dort erlebt wird, ist eine nicht physische. Damit machen wir Erfahrungen, die wir zuvor noch nie gemacht haben. Uns fehlen im wahrsten Wortsinne die Worte.

Element 2 (E2): Gefühle des Friedens und der Ruhe, Schmerzlosigkeit

Das erleben von Gefühlen des Friedens und der Ruhe und das wegfallen von körperlichem Schmerz. Auch das erscheint mir gut nachvollziehbar. Wenn unsere fünf Sinne ausgeschaltet sind, gibt es keine Möglichkeit mehr, den physischen Körper wahrzunehmen – also auch die Schmerzen nicht. Das Gefühl des Friedens und der Ruhe ist bei allen positiven NTEs Teil der Erfahrung. Bei den zunächst negativen stellt sich dieses Erleben erst in der positiven Phase ein (siehe z. B. die Erfahrungen von Howard Storm).

Element 3 (E3): Die Erkenntnis, tot zu sein

Die Erkenntnis, tot zu sein bzw. nicht mehr über den Körper verfügen zu können, erleben vor allem diejenigen, die außerkörperliche Erfahrungen machen.

Element 4 (E4): Die außerkörperliche Erfahrung

Die außerkörperlichen Erfahrungen hängen offenbar sehr von der Einstellung der Person ab, vom Leben, das sie geführt hat und von ihren Interessen. Dies scheint zu beeinflussen, wohin die Aufmerksamkeit gelenkt wird.

Viele schweben anfänglich aufwärts und sehen ihren Körper unter sich liegen, schauen dem Team zu, das sich um sie kümmert und machen die unverständliche Erfahrung, dass sie das Team und ihre Lieben hören und sehen, diese sie jedoch nicht hören und sehen können. Ich weiß von einem Patienten, dass er während seiner Reanimation sah, wohin man seine künstlichen Zähne gelegt hat. Er konnte der Krankenschwester später nicht nur sagen, wo sie lagen, sondern auch, wer sie dorthin gelegt hatte.

Manchmal haben Nahtoderfahrene das Gefühl, zwischen den Spitalbetten zu stehen. Sie bewegen sich, können sich irgendwie körperlich erleben, merken aber, dass sie durch Wände oder andere Personen durchgehen können. Das Auffällige dabei ist, dass Blinde während dieser Erfahrung sehen können, und zwar die irdische Welt und die andere Dimension. Das zeigt, dass das Sehen in diesem Zustand nicht mit den physischen Augen passiert. Die optische Wahrnehmung ist auf 360 Grad erweitert. Alles wird zur gleichen Zeit wahrgenommen. Es gibt Nahtoderfahrene, die bleiben im Spitalzimmer und erwachen dann wieder im Körper. Andere begeben sich auf eine Reise, wie

Magdalen Bless und George Ritchie, Howard Storm und Eben Alexander.

Oft werden die Menschen während ihrer NTE in einen schwarzen Tunnel gezogen, an deren Ende sie Licht sehen. Am Ende dieses Tunnels wartet dann häufig eine Landschaft mit andern Wesen. Hier ist die Gestimmtheit und die Lebensführung vor dem Austritt aus dem Körper maßgebend. Das ist sehr auffällig bei Howard Storm, aber auch bei vielen andern. Entweder sehen sie Licht oder Dunkelheit. Zuweilen hören sie Musik oder Chöre, wie der Neurochirurg Eben Alexander.

Ein essenzieller Aspekt scheint auch zu sein, dass Gedanken und Gefühle bildhaft im Außen sichtbar werden. Eben Alexander befand sich bspw. in seiner NTE in einer regenwurmartigen Position, was im übertragenen Sinn zu einer Escherichia coli-Meningitis (Hirnhautentzündung, ausgelöst durch ein Darmbakterium) passt. Nahtoderfahrene prägen ihre Umgebung automatisch mit ihren Vorstellungen, die ganz real sichtbar werden. Aber sie sehen auch objektive Wesen, die zu ihrer Frequenz passen.

Bemerkenswert ist auch, dass der physische Körper von Nahtoderfahrenen nach dem ersten Staunen als uninteressant und nicht anziehend betrachtet wird, wenn sie auf die anwesenden Menschen in der unmittelbaren Umgebung keinen Einfluss ausüben können,

Element 5a und b (E5a, E5b): Der dunkle Raum, der Tunnel

Der dunkle Raum, in dem die Patienten ein Licht sehen. Das ist der Übergang von einer Dimension in die andere, wenn die „Sterbenden" das wollen. Die meisten werden von der nächsten Dimension so stark angezogen, dass sie gehen. Sie kommen dann in einen schwarzen Tunnel, den sie mit großer Geschwindigkeit durchfliegen. Das Licht ist anders als physisches Licht. Es blendet nicht und mutete lebendig und außergewöhnlich intensiv an. Die meisten sehen nach dem Durchgang durch den Tunnel ihre Eltern und Freunde und oder eine schöne Landschaft. Magdalen Bless und andere hatten das Gefühl, dass der Übergang durch Jesus Christus passierte. (Aus Gott wird man geboren, in Christo stirbet man, und in dem Heiligen Geist, fängt man zu leben an.[33]) Es ist wie eine reale Fata Morgana, auch der Gedankenaustausch mit den Bekannten ist sehr real.

Element 5c (E5c): Furchteinflößende Situationen

Die betroffenen kommen nicht (oder lange nicht) über diesen dunklen Raum hinaus und erleben manchmal furchteinflößende Monster, wie bspw. Howard Storm. Das Bezeichnende dabei ist, dass sie ins Licht kommen, sobald sie die Dunkelheit verlassen wollen und um Hilfe bitten. Auch Eben Alexander war zunächst in einer dunklen, ekligen Umgebung, in der er das Gefühl hatte, eigentlich nicht hier hinzugehören – dann kam er ins Licht. Das ist ein wiederkehrendes Element vieler NTEs, noch deutlicher tritt es jedoch in den Jenseitsberichten auf. In der andern, körperlosen Dimension wird das Subjektive objektiv. Das heißt, das Äußere spiegelt das Innere. Was wir denken, fühlen und erwarten, manifestiert sich.

Element 6 (E6): Wahrnehmung einer außerweltlichen Umgebung

Die Landschaft, die häufig nach dem Tunnelerlebnis oder in der Phase des Lichts gesehen wird, ist immer schattenlos. Das Gras z. B. ist voll Licht, ohne Schatten. Der Stoff, aus dem die Träume sind – aber überreal. In Jenseitsberichten wird dieser Stoff wie aus Fäden aus Licht beschrieben und er fühlt sich nicht so an, wie unsere Materie. Und dennoch besteht auch unsere Materie auch aus Licht und Liebe, aber offenbar auf einer tieferen Frequenz. Jetzt verstehe ich auch, warum im Jenseits alles Sichtbare ohne Schatten ist: weil alles aus sich heraus leuchtet. Blühende Bäume, Blumen, Häuser – alles leuchtet. Diese Beschreibungen gleichen sich bei NTEs und in Jenseitsberichten.

Element 7 (E7): Begegnung und Kommunikation mit Verstorbenen

Die Begegnung mit Verstorbenen kann sehr unterschiedlich verlaufen. Die einen sehen Gestalten, ähnlich wie auf der Erde, aber jung und strahlend. Andere erfassen nur die Präsenz des verstorbenen Vaters oder Schwagers, sie fühlen seine Anwesenheit und haben Gedankenaustausch. Gesprochene Worte scheinen keine Rolle zu spielen. Einige sehen Gedanken fliegen. Das ist interessant, weil hier zusätzlich über das Bildhafte kommuniziert wird. Möglicherweise kommt es auf die Bewusstseinsebene an, auf der sich die Wesen befinden. In der Kommunikation kommt häufig mit der gestellten Frage gleichzeitig die Antwort, was für unseren Verstand kaum zu fassen ist. Zugleich zeigt sich darin, dass alles zeitlos und miteinander verbunden ist. Dies ist der Unterschied zur irdischen Kommunikation: die Zeitlosigkeit und das Gefühl der Einheit, mit den Wesen, die Teil der Kommunikation sind.

Element 8 (E8): Begegnung mit einem strahlenden, intensiv-weißen Licht

Die Begegnung mit dem intensiv-weißen Licht, das eins ist mit bedingungsloser Liebe – wie ich es auch selbst erfahren habe – ist die tiefste Erfahrung der reinen geistigen Essenz. Das ist die direkte Kommunion. Das Mysterium von Brot und Wein ist die indirekte und zeigt, was Christus uns symbolisch sagen wollte. Die Farbe rot (Wein, Blut) steht für die Liebe, das Weiß (Brot, Leib) für das Licht. Trauben (weiblich, rund, Korpuskel) und Ähren (männlich, Strahl) sind Sonnensymbole. Im Geist sind Licht und Liebe eins (daher sprechen die Nahtoderfahrenen von liebendem Licht), im Körper dual. Darum wird sie in Form von Brot und Wein dargestellt. Daher ist es auch einleuchtend, dass Liebe der Ursprung aller Energie ist und Licht der Ursprung der Struktur und Information in der materiellen Welt. Es ist das Ur-Paar der Schöpfung, das sich durch alles hindurchzieht. Durch das Brot und den Wein kommunizieren wir mit Gott, und ich könnte mir vorstellen, dass das Licht und die Liebe, die in der Materie durch die Naturgesetze gebunden sind, in der Wandlung wieder frei werden. Das wäre die indirekte Kommunion. Aber wir kommunizieren natürlich auch mit unseren Gefühlen und Gedanken. Dass Jesus Brot und Wein mit seinem Leib und Blut gleichsetzte, bedeutet, dass der göttliche Geist auch in der Materie vorhanden ist und in der geistigen Welt. Die manifestierte Schöpfung ist der Körper Gottes. Angelus Silesius sagte: „Ich bin nicht außer Gott und Gott nicht außer mir; ich bin sein Glanz und Licht, und er ist meine Zier." Schon Melchisedech brachte Brot und Wein dar, die Symbole von Licht und Liebe, als Dualität in der Materie. Das Abendmahl ist und war schon immer für alle da. Wir genießen es jeden Tag, meist unbewusst.

Durch seine Auferstehung hat uns Jesus auch das Leben außerhalb des physischen Körpers demonstriert und das Leben nach dem Tod.

Wenn wir ein Modell unseres Körpers anschauen, das nur aus Herz-Kreislaufsystem und Gehirn-

Nervensystem besteht, dann sehen wir, dass diese beiden Systeme den Körper ganz abbilden. Als ich das sah, kam ich auf folgende Idee: Beides sind unsere Hauptsysteme. Sie strahlen wie die Sonne in die Peripherie und zurück. Das Herz steht symbolisch für Liebe, das Gehirn-Nervensystem für das Licht.

Alle andern Systeme unseres Körpers sind nur Hilfssysteme wie der Verdauungsapparat, die Ausscheidungsorgane, die Lunge, der Bewegungsapparat, etc. Sie alle brauchen wir, um in der materiellen Welt eine gewisse Zeit zu leben und zu wirken. Die Geschlechtsorgane sind in diesem Zusammenhang eine Kategorie für sich. Sie ermöglichen die Einswerdung, die Verbindung von weiblichem und männlichem Körper durch die Liebe. Sie zeigen das schöpferische Prinzip. Ei und Samen, Traube und Ähre, Korpuskel und Welle, Struktur und Energie. Ein Beispiel mehr, dass alles materielle Symbol des Geistigen ist.[34]

Bei meiner Erfahrung mit dem Licht wusste und spürte ich, dass das die Essenz meines wahren Selbst ist, und dass dieses Selbst unverletzlich ist. Es ist ein Teil des reinen Bewusstseins, das wir göttlich nennen. Unser Ego ist nur die verzerrte

Spiegelung unseres wahren Selbst durch die Spiegelneuronen, die auch falsche Schlüsse gespeichert haben. Unser Körper ist nur zu einer sehr beschränkten Wahrnehmung fähig. Das Gehirn ist ein Spiegel. Es reflektiert Bewusstsein durch die Spiegelneuronen, wie der Mond das Licht der Sonne reflektiert. Das Mondlicht (Ego) ist ein anderes Licht, als das der Sonne (Selbst), und ist doch gleichen Ursprungs. Unser Gehirn produziert nicht die Gedanken, es reflektiert und speichert sie (so wenig, wie die Herzmuskelzellen Liebe produzieren).[35]

Angelus Silesius: „Mensch, denkst du, Gott zu schaun dort oder hier auf Erden, so muss dein Herz zuvor ein reiner Spiegel werden."[36]

Spiegelneuronen sind Nervenzellen im Gehirn, die beim Betrachten eines Vorgangs das gleiche Aktivitätsmuster aufweisen, das diesen Vorgang selbst begleitet. Als z. B. mein Bruder als junger Vater seinen kleinen Sohn fütterte, öffnete auch mein Bruder bei jedem Löffel, den er seinem Sohn gab, den Mund – sehr zur Erheiterung der anwesenden Erwachsenen. Alle Säugetiere und Menschen besitzen diese besonderen Nervenzellen im Gehirn, wenn auch sie erst 2010 tatsächlich beim Menschen nachgewiesen worden sind. Erstmals beschrieben wurden die Spiegelneuronen 1992 von dem Italiener Giacomo Rizzolatti. Im deutschsprachigen Raum haben vor allem die Publikationen von Joachim Bauer dazu beigetragen, das Wissen um die Spiegelneuronen auch einer breiten Öffentlichkeit nahezubringen.[37]

Bereits vor 100 Jahren – weit vor der Entdeckung der Spiegelneuronen – beschrieb Rudolf Steiner das Gehirn als Spiegel. Möglicherweise werden in der Homöopathie für die Behandlung des Gehirns deshalb auch heute noch Silberpräparate verwendet.

Die Schnittstelle Gehirn – Bewusstsein wird nach Penrose in den Mikrotubuli im Zellskelett vermutet und hat nach Pim van Lommel mit der Junk-DNS zu tun.

Andere haben dieses Licht als unbeschreiblich glücklichen Seinszustand erlebt, manchmal auch verbunden mit der Person Jesu Christi. Vermutlich, weil er der Archetyp dieses Seinszustandes ist. Er ist der Archetyp des „Homo Sacer". Manche erleben diesen Christus als Durchgangstation in die himmlischen Gefilde (so z. B. Magdalen Bless). Wie wir das erleben und interpretieren, hängt von unserem eigenen Erkenntnisstand ab. Aber es handelt sich immer um die gleiche geistige Essenz, die die Nahtoderfahrenen erleben. Manchmal erkennen sie auch die große Weisheit des ganzen Universums durch dieses Licht. Alle bestätigen auch die Erfahrung vollkommener Akzeptanz und bedingungslose Liebe. Eben Alexander hatte den Eindruck, er kommuniziere mit Gott. Die lebenden Lichtkugeln waren möglicherweise Engel. Die Verschmelzung mit diesem Licht bedeutet immer Information und Liebe. Das schöpferische Prinzip besteht aus der Berührung einer weiblichen mit einer männlichen Ebene. Für eine Schöpfung braucht es beide Ebenen. Vielleicht kommen daher die Antworten schon mit den Fragen, wenn die Nahtoderfahrenen im liebenden Licht sind, da sie in einem dauernden schöpferischen Zustand, in der Einheit, sind. Die Fragen und Antworten beziehen sich auf alle Wissensgebiete, sei es Quantenphysik oder Leben im Altertum. Es wird alles verstanden und mit Erstaunen als ganz logisch empfunden. Verwunderlich für die Nahtoderfahrenen ist, dass dieses Wissen nicht ins körperliche Leben mitgenommen werden kann. Magdalen Bless meint, der irdische Verstand sei zu eng dafür. Dies scheint zu belegen, dass es ein Allwissen gibt, das auch uns einmal zugänglich sein wird, und für das unser Gehirn anscheinend zu beschränkt ist.

Magdalen Bless interessierte sich vor allem für den Mikro- und Makrokosmos. Sie wollte wissen, was der Andromeda Nebel ist oder auch das Atom, ob es stimmt, was sie in der Schule gelernt hatte. Sie erfuhr alles, es war sehr schlüssig und verständlich, konnte aber nicht ins Wachbewusstsein mitgenommen werden. Sie wollte auch andere Situationen und Orte auf der Erde sehen, z. B. Kängurus in Australien oder das antike Rom. Daraufhin war sie in Australien und im alten Rom, sie sah, wie Kängurus lebten und Römer, und sie erlebte all das im selben Augenblick. Ein anderer Mensch verstand während seiner NTE die ganze Quantenphysik. Er konnte dieses Wissen aber ebenfalls nicht in die materielle Welt mitnehmen.

Element 9 (E9): Lebenspanorama oder Rückblick auf den Verlauf des Lebens

Das faszinierende an den Lebenspanoramen ist das Erleben der Gleichzeitigkeit von dem, was die eigenen Handlungen und Gedanken bei andern ausgelöst haben. Wir erleben selbst, was der andere durch unser Handeln oder Nichthandeln erlebt hat. Wir erleben deren Freude und Schmerz und wir sehen uns ganz klar und deutlich ohne jede Möglichkeit der Täuschung. Wie erkennen, wie groß die Bedeutung der Liebe im Leben ist, ja, dass es eigentlich nur um die Liebe geht. Alles wird von diesem Standpunkt aus betrachtet und gibt sehr tiefe Einsichten ins Leben.

Magdalen Bless erkannte, dass es auf die innersten Motive, den Kern des Handelns ankomme. Auch Angelus Silesius sagte: „Gott schätzt nicht, was du Gut's, nur wie du es getan, er schaut die Früchte nicht, nur Kern und Wurzeln an."[38]

Es gibt Personen, die ganz deutlich spüren, warum sie z. B. Krebs bekommen haben.

Vieles geschieht aus Mangel an der eigenen Wertschätzung. Es kann nicht deutlich genug gesagt werden, wie wichtig der liebevolle Umgang mit sich selbst ist. Das sieht man auch in jeder Psychotherapie. Die NTEs liefern heilsame Ansätze.

Rational betrachtet ist das Lebenspanorama ein Wunder, von dem alle Menschen etwas lernen könnten.

Element 10 (E10): Flash Forward

Manchmal sehen Nahtoderfahrene Dinge voraus, die sich erst später im Leben bestätigen, wie bspw. bei Emma Otero. Es gibt auch weniger dramatische Flash Forward-Erfahrungen, z. B. in Wahrträumen. Die Sensibilität und Hellhörigkeit wird nach einer NTE häufig verstärkt.

Element 11 (E11): Das Wahrnehmen einer Grenze

Grenzen werden von Nahtoderfahrenen auf verschiedenste Art und Weise erlebt, zumeist jedoch optisch und oder energetisch. Häufig betonen Angehörigen im Jenseits, dass sie zurück müssten. Diese Grenze kann sich auf als Wahl bemerkbar machen. Dabei spüren die Menschen, dass es kein Zurück mehr gibt, wenn sie nun weiter gehen. Wer diese Grenze verspürt hat und zurückgekommen ist, hat das freiwillig getan. Andere wiederum haben keine Wahl, sie werden zurückgeschickt. Manchmal ist vor der Grenze ein Tor oder eine Brücke.

Element 12 (E12): Die bewusste Rückkehr in den Körper

Viele spüren die Rückkehr in den kranken Körper, als ein Hinuntergleiten in die Dunkelheit. Auch bei Magdalen Bless und andern oben erwähnten war das so. Dann hören sie die Stimme des Arztes oder der Angehörigen und schlagen die Augen auf. Nach dem, was sie erfahren haben, sind fast alle Zurückgekommenen sehr enttäuscht, wenn sie wieder in ihrem kranken Körper aufwachen. Manche weinen dann längere Zeit, andere schimpfen, weil man sie gegen ihren Willen zurückgeholt hat.

Element (E13): Heilung oder Linderung von körperlichen Krankheiten

Bei vielen ist es offenbar so, dass sie heilende Energien bekommen haben. Wie bei Howard Storm, George Ritchie, Steve, Mary C. Neal und vor allem Anita Moorjani.

Bei den andern ist es weniger ersichtlich, aber auch sie wurden alle geheilt. Ich bin auch überzeugt davon, dass das Befinden in der reinen Essenz von Licht und Liebe die Seele heilt, und diese wirkt sich auf den Körper aus. Wenn das jemandem so bewusst ist wie Anita Moorjani, sind die Auswirkungen offenbar sehr stark.

Abschließend zu diesem Kapitel

Dieses Kapitel enthält eine kleine Auswahl an Nahtoderfahrungen. Manche der Nahtoderfahrenen kenne ich persönlich, andere nicht. Es gibt noch viele ähnliche Fälle – ich habe hier nur einige der eindrücklichsten zusammengefasst. Aber bereits diese Beispiele zeigen deutlich, dass es eine andere Dimension gibt.

Das Phänomen der Nahtoderfahrung wird vor allem dann besonders diskutiert, wenn Wissenschaftler, die sich selbst als Atheisten bezeichnet haben oder von Nahtoderfahrungen nichts hielten, solche Erfahrungen machen. Darin liegt eine große Chance.

Die Veränderung nach einem solchen Erlebnis ist sehr groß. Auch das halte ich für ein Argument, dass eine Nahtoderfahrung stattgefunden hat. Die Transformation im Denken und Handeln von Nahtoderfahrenen scheint mir zu radikal, zu umfassend zu sein, als dass sie durch einen Traum, eine Halluzination oder irgendeine Neuronenreizung ausgelöst werden könnte. Auch das erlebte Lebenspanorama verbunden mit kristallklaren Erkenntnissen spricht dafür. Für mich zeigt sich hier sehr klar der allwissende, göttliche Geist im Menschen. Trotz der glasklaren Bewertungen ist die Seele völlig von Liebe getragen. Das hat weder mit Halluzinationen noch mit Medikamenten oder physiologischen Prozessen etwas zu tun. Oder, wenn die Patienten von einem liebevollen Wesen an die Hand genommen werden, das sie nicht kennen, und es sich nachher anhand eines alten Fotos als Großmutter herausstellt, oder als verstorbene, vorher unbekannte Schwester.

All das bedeutet jedoch nicht, dass Menschen mit einer Nahtoderfahrung oder einer spirituellen Erfahrung ein leichteres Leben haben oder in irgendeiner Form „besser" sind. In der irdischen Welt werden wir immer wieder in die Dramen der Dualität verstrickt. Menschen mit einem tiefen Erlebnis haben nun die Aufgabe, ihre Erfahrung ins tägliche Leben zu integrieren. Vielleicht können sie als Geburtshelfer für das Erwachen anderer Menschen dienen.

Mit den Jenseitsberichten, die nun folgen, wage ich mich auf ein Gebiet vor, das für die meisten Naturwissenschaftler völlig Tabu ist. Aber sie bestätigen die Erfahrungen der NTEs. Die Nahtoderfahrenen sind ja alle zurückgekommen, diejenigen in den Jenseitsberichten nicht. Und in diesen Berichten erkennt man eine wahrhaft göttliche Pädagogik. Doch zunächst ein Abstecher zu den Sterbebettvisionen.

4. Sterbebett-Visionen

Goethe soll kurz vor seinem Tod gesagt haben: "Mehr Licht." Ein Bekannter von mir hob auf dem Sterbebett seine Arme und sagte nach oben: "Ich kann noch nicht heraus." Eine Kollegin von mir erhob sich leicht und lächelte strahlend in die Ferne. Eine sterbende Frau sagte zu einer mir befreundeten Krankenschwester: „Warum sind so viele Leute hier?" Außer der Krankenschwester war aber niemand im Raum. Leider verpasste es die Krankenschwester zu fragen, wer denn die Leute seien und ob sie jemanden erkenne.

Von meiner Mutter kam mir eine Welle der Liebe entgegen, als sie schon nicht mehr sprechen konnte. Ein paar Stunden später starb sie.

Sterbebett-Visionen haben eine Ähnlichkeit mit Nahtoderfahrungen und werden vielfach ebenso ignoriert. Warum eigentlich? Offenbar sind sie zumeist sehr schön für die Patienten. In Bath, England, wurde eine Studie gemacht, die große Gemeinsamkeiten im Erleben der Sterbenden fand.

Oft erscheinen Verwandte oder sie empfinden starke Liebe oder sehen Lichtwesen. Das Fenster zur Zeitlosigkeit geht auf. Es wäre schön, wenn man das ernst nehmen würde, um die Patienten in diesen Phasen zu begleiten. Vielen würde das helfen, ihre Angst vor dem Sterben verlieren.

5. Jenseitsberichte

In den achtziger Jahren kam mir das Buch „Zeugnis des Lichts" von Helen Greaves in die Hände. Als ich anfänglich feststellte, dass das Jenseits ähnlich beschrieben wurde wie das Diesseits, wollte ich das Buch wieder weglegen, ich konnte das nicht glauben. Ich entschied mich dann aber doch, es weiter zu lesen, um mir am Schluss ein Bild zu machen. Allmählich verstand ich immer mehr, warum die jenseitige Welt, vor allem in den unteren Stufen, der diesseitigen so ähnelt.

Helen Greaves war Schriftstellerin und Frances Banks Klosterfrau und Freundin von Helen. Nach einigen Jahren trat Frances Banks aus dem Kloster aus und studierte Psychologie. Sie arbeitete in der Gefangenenbetreuung und als Psychologin. Frances Banks starb zuerst und es gelang ihr, nach einem Jahr Kontakt zu Helen Greaves aufzunehmen. Sie hatten schon zu Lebzeiten gemeinsame Übungen gemacht, um ihre Telepathie zu schulen.

Frances teilte Helen mit, dass es nicht einfach sei, zu kommunizieren und dass ein ganzes Team ihr helfe, den Kontakt zu Helen herzustellen. Sie dürfe aber Informationen durchgeben, um den Menschen die Angst vor dem Tod zu nehmen.

Vom 05.12.1965 bis zum 10.12.1967 konnte Frances sporadisch Durchgaben machen. Sie erzählte Helen, wie sie in einer Art Erholungsheim erwachte und von ihrer früheren verstorbenen Oberin und einem ihr bekannten Father Joseph begrüßt und willkommen geheißen wurde.

Frances war an Krebs gestorben und hatte das Gefühl, sich nun erholen zu müssen. Sie lag auf einer Terrasse und schaute auf eine sonnenbeschienene Ebene hinaus. Es war ein erholsamer Anblick. Sie fühlte sich zufrieden, ruhig und friedvoll und sank immer wieder in den Schlaf. Bewusstlosigkeit wechselte mit Wachheit ab. Sie war überwältigt, dass sie von ihrer Ordensmutter so liebevoll empfangen wurde.

Hierher wurden Seelen von der Erde gebracht und gepflegt, wenn sie bereit für diese Ebene waren. Es gab hier keine Beschränkungen oder Strafen, außer jenen, die man sich selbst auferlegte. Frances merkte aber, dass man nur woanders hingehen konnte, wenn man vorbereitet dafür war. Sie entdeckte auch, dass sie sich telepathisch verständigen konnte.

Sobald sie nach dem Tod ihr Bewusstsein wiedergewann, stellte sie fest, dass sie noch die genau Gleiche war wie vorher. Der Tod war also einfach Leben ohne grobe Stofflichkeit. Sie sah auch, dass sie sich auf die irdische Welt einstimmen konnte, wenn ihr Wunsch dazu stark genug war. Es hing also von ihr ab. Früher sei sie außen gewesen und habe nach innen geblickt, jetzt habe sich das umgekehrt: sie sei innen und blicke nach außen.

Frances war immer eine Suchende, und sie bemerkte, dass sie immer noch die gleichen Hoffnungen hegte und große Arbeitslust empfand. Sie bewohnte jetzt ein eigenes Häuschen mit einem wunderschönen Garten, betätigte sich dann in diesem Erholungsheim, in dem sie die Neuankömmlinge betreute. Es sah aber nicht ganz so aus wie auf der Erde. Alles leuchtete, und die Blumen wurden mit Licht und Liebe gedüngt und begossen.

Auch im Geistigen bestand ein Unterschied. Wenn sie über Probleme nachdachte, weitete sich ihr Geist, sodass sie alle Seiten des Problems sah. Sie fing an, die Wirkungen ihrer Gedanken zu erkennen und die Ereignisse zu sehen, die durch diese Gedanken ausgelöst wurden. Das hing aber alles von der Weite ihres Bewusstseins ab. Diese Fähigkeit hatten nicht alle ihrer Begleiter, weil sie noch nicht so weit waren. Frances war dort, wo sie jetzt war, nicht allwissend und lernte kontinuierlich. Man lernte beim Lehren.

Frances wurde nach der Ankunft im Jenseits nicht dazu „gezwungen", ihr vergangenes Leben auf der Erde nachzuerleben. Manche fürchten sich davor und lassen sich mit der Rückschau Zeit.

Frances sah, dass irgendwo in den Tiefen ihres Seins zwei Entwürfe oder Pläne erschienen. Sie konnte sie sozusagen herausnehmen, materialisieren und studieren. Einer davon war die vollkommene Idee, mit der sich ihr Geist mutig in die Inkarnation begab. Das andere Bild war das Resultat des nur teilweise ausgeführten und gelungenen Planes, also ihr Leben, wie sie es tatsächlich gelebt hatte. Es war ein Schock für sie und zudem ein heilsames Erlebnis, erkennen zu müssen, dass sich diese beiden Lebenspläne bedeutend unterschieden. Es sei eine Demütigung zu sehen, wie wenig man getan habe, wo man so viel hätte tun können und wie oft man falsch gehandelt habe, wo man meinte, es richtig zu machen. Der Geist arbeitete sich langsam rückwärts durch seine Erfahrungen. Sie war die Angeklagte, der Richter und die Geschworenen zugleich. Das sei der Punkt, an dem einige im Erholungsheim nicht weiterkämen. Hier unterstützte sie die Seelen nach Kräften. Schon während sie ihr eigenes Leben verarbeitete, half sie anderen, die mehr Mühe damit hatten, mit ihren irdischen Erfahrungen umzugehen.

Frances erzählte von einem Mann, der auf Erden brutal und gemein zu seiner Familie gewesen war. Er hätte eine lange Periode unserer Erdenzeit an den Ort und die Menschen gefesselt verbracht, wo er seine Gemeinheiten begann. Nun sei er hier und versuche weiterzukommen. Aber der Filmstreifen seines Lebens hätte ihn so entsetzt, dass er sich völlig unfähig fühle. Sie redete mit ihm, wie früher mit den Gefangenen auf der Erde. Sie führte ihn auch mal in ihren Garten, wo er entspannen konnte und etwas von seiner Angst und Reue wegschmolz.

In ihrem eigenen Prozess kam sie langsam weiter, diskutierte mit weiseren Seelen, sah auch, dass ihre Entscheidung, aus dem Kloster auszutreten, nicht falsch war. Hier gab es keine engen konfessionellen

Vereinigungen. Es sei ein weites, williges Dienen. Hier werden keine Lehrsätze aufgestellt, keine Glaubensbekenntnisse, keine strengen Regeln, die das Weiterwachsen behindern oder beschränken könnten.

Sie erzählte weiter, dass alle (sozialen) Klassen im Erholungsheim untergebracht seien: Analphabeten, Ungebildete, Gebildete und Hochgebildete. Auch ein Mediziner sei dort. Er sei brillant gewesen, aber drogensüchtig, was ihm jetzt sehr zu schaffen machte. Ein anderer ihrer „Schüler" sei ein angesehener Wissenschaftler auf Erden gewesen. Er war Atheist und wollte in all seinen Werken nicht zugeben, dass ein gewisser Faktor X, auf den er in seinen Versuchen immer wieder stieß, der jenseits des menschlichen Begreifens war, ein Zeichen sein könnte, dass das Leben ein fortschreitendes Bewusstsein sein könnte. Seine Theorie war, dass dieses Bewusstsein, das in den Materieteilchen vorhanden war, als solches bestehen blieb für die wechselnden Zwecke, für die sich die Atome zusammenschlossen. Er erforschte die Möglichkeit, wie man die Anordnung ändern und weniger dichte Typen von Materie erzeugen könnte. Frances meinte, das sei genau das, was für das Leben auf Erden Fortschritt bedeute: die Materieteilchen weniger dicht zu machen! Sie sprachen darüber und stimmten überein, dass der Faktor X tatsächlich und ewig das Licht der Schöpfung sei.

Frances freute sich sehr über die Gespräche, die sie gegenseitig weiterbrachten. Der Wissenschaftler hatte den Frieden in ihrem Garten sehr genossen. Er musste nicht mehr lange dort bleiben (die Zeit ist hier eher eine Art Seinszustand). Seine Reinigung war vollzogen und er konnte sich höher stehenden Wissenschaftlern anschließen. Sie blieben aber in telepathischem Kontakt und hatten weiter interessante Gespräche.

Ein anderes faszinierendes Beispiel war die Begegnung mit einem auf Erden sehr berühmten Chirurgen, dessen Können in medizinischen Bereichen zur Legende wurde. Unter anderem hatte er auch neue Operations-Techniken entwickelt. Die Beschreibungen von Frances stimmten mit einem mir aus der Literatur bekannten Chirurgen überein. Sie wollte ihn aber nicht identifizieren. Während seiner Operationen ließ er sich von etwas, das er den „inneren Chirurgen" nannte, führen. Seine privaten Lebensumstände brachten ihn in die Drogensucht, er verlor den Kontakt zu seinem „inneren Chirurgen" und konnte schließlich nur noch unter Drogen operieren. Der Gedanke, seinen Lebensplan nicht verwirklicht zu haben, erfüllte ihn mit Schuldgefühlen. In den Gesprächen mit Frances konnte er das verarbeiten. Sie wies ihn immer wieder auf alle gelungenen Operationen hin, die den Menschen halfen. Seine Heilung war ein ausgedehnter, intensiver Prozess, an dem Frances teilhatte. Dadurch konnte er sein falsches Urteil über sich selbst loslassen.

All das hatte Frances sehr ausführlich und berührend geschildert.

Einmal konnte sie sich mit dem Chirurgen auf eine höhere Ebene begeben. Sie wohnten einem Medizinerzirkel bei, der von einem Arzt geleitet wurde, der viel Liebe und Weisheit ausstrahlte. Sie redeten darüber, wie auf Erden neue Techniken der Lichttherapie entwickelt würden.

Einmal wurden sie von einem Musiker, dem der Chirurg die Möglichkeit des Klavierspiels durch seine Operation erhalten hatte, in die Hallen der Musik geführt.

Frances beschrieb auch ihre Ordensmutter, die anders gekleidet und heller strahlend erschien, wenn sie von einer höheren Ebene kam. Die Ebenen hatten unterschiedliche Frequenzen des Lichtes, der Liebe und Schönheit. Dorthin konnte man nur gehen, wenn man eine entsprechende Resonanz aufwies. Herunter steigen war immer möglich, aufsteigen aber nicht. Die Lage dieser Orte war jedoch nicht geographischer Natur, es waren Seinssphären. Als sich Frances einmal durch Wollen und Gebet ins Licht versetzte, sei sie an einen ganz andern Ort getragen worden. Wie das geschehen war, wusste sie nicht. Dieser Ort war eine Art Universität und strahlte eine starke Atmosphäre von Gelehrsamkeit aus.

Das Gebäude besaß einen griechischen Charakter. Es gab Außenhöfe mit Lichtfontänen und wunderschöne Gärten. Frances war entzückt. Manche Wesen standen dicht zusammen und diskutierten eifrig, einzelne waren in Gedanken versunken. Die Türen zu den inneren Hallen waren weit geöffnet. Zunächst gesellte sich Frances zu andern hier umherwandelnden Seelen. Doch dann kam ihr plötzlich der Gedanke, was denn mit den inneren Hallen sei – und schon war sie auf der Treppe. Sie war an die Gedankenschnelligkeit, mit der alles verlief, noch nicht so gewöhnt. Als sie die oberste Stufe erreicht hatte, stoppte sie ein starkes Licht, sie konnte nicht mehr weiter und bemerkte, dass dieses

Licht zu stark war für ihren Status. Das hatte sie riesig beeindruckt, das Licht wurde wieder schwächer und sie befand sich in ihrem Garten, leicht schwindlig.

Dann erzählte ihr ihre frühere Oberin, Mutter Florence, dass ein neuer, sehr schwieriger Patient gekommen sei. Dieser Mann war ein führender Nazi während des Zweiten Weltkrieges. Er hatte seit dieser Zeit „in den Schatten" geweilt. Nun war er gerettet. Er war sich seiner furchtbaren Grausamkeit bewusst geworden und von Reue erfüllt.

Mutter Florence warnte sie, bei seinem Anblick könnte sie einen Schock kriegen. Er brauche Pflege. Sie sollten aber einen starken Lichtschutz um sich manifestieren und sich ganz am Licht halten. Frances war besorgt und nicht gefasst auf den Anblick, der sich ihnen bot. Der Raum war finster, Schwaden düsteren Zwielichts schienen darin zu wabern. Nur langsam konnten sie erkennen, dass da etwas auf dem Bett lag. Der Körper dieses Wesens schien bedeckt zu sein mit Wunden und Narben. Die Augen waren geschlossen. „Er meint, er sei blind", sagte Mutter Florence. „Er ist es natürlich nicht, aber das Licht ist noch zu hell für ihn. Er meint, es habe ihn blind gemacht." Der

Mann bot einen schrecklichen Anblick. Father Joseph sagte, ohne dass es im Raum hörbar wurde: „Dieses arme unglückliche Geschöpf braucht all unsere Pflege und unser Mitleid. Er ist zu uns gekommen, damit er geheilt und fähig werde, sich selbst ins Gesicht zu sehen und über seine Taten zu urteilen, wenn er aus der schrecklichen Qual der Finsternis erwacht. Lasst uns gemeinsam unsere Gedanken und unseren Segen auf ihn lenken." Das arme Wesen stöhnte. Langsam drang Licht herein. Frances bemerkte, dass ein himmlisches Wesen einen Strahl geistiger Kraft gespendet hatte. Sie beteten für diese gemarterte Seele, als auch für seine Opfer. Sie hörte in sich: „Vater vergib ihm, den er wusste nicht, was er tat."[39]

An diesem Beispiel lässt sich deutlich erkennen, dass es keinen bestrafenden Gott gibt. Vielmehr begibt sich die Seele, nach dem Gesetz der Resonanz, dorthin, wo es ihrem Inneren entspricht. Die Wunden, die der Nazi den Opfern zugefügt hatte, waren jetzt in seiner Seele, die fast kein Licht vertrug. Dieses Leiden führt mit der Zeit zu Reue. Wenn diese da ist, kann der Heilungsprozess aktiviert werden.

Immer wieder ist zu sehen, dass die Qualität der Ebene davon abhängt, wie viel Licht eine Seele von ihrer Inkarnation mitbringt. Obwohl das Selbst eines jeden Menschen aus reinem Licht und Liebe besteht, kann dieses Licht in einer Inkarnation vermindert werden. Die Seele, die aus Elektronen besteht, hat dann weniger geordnete Photonen und damit wenig Licht, wenig Informationen. Aus dieser relativen Dunkelheit hinauszukommen kann unter Umständen ein sehr langer Prozess sein. Die Erkenntnis, wer wir wirklich sind, muss von uns selbst erarbeitet werden. Offenbar ist das etwas anders als bei Nahtoderfahrungen. Dort ist es manchmal möglich, sofort einen Einblick in das wahre Selbst zu bekommen. Allerdings ist dies nur ein kurzer Blick – man hat dort noch nicht seine Wohnstätte eingenommen.

Mit diesem Nazi kam auch eines seiner Opfer, eine junge Frau, die durch ihren tiefen Hass an ihn gebunden war. Aber sie machte Fortschritte, weil sie Liebe zu ihrem ihr entrissenen Mann und Kind empfand. Später begegneten sich beide.

Frances betonte, dass bezüglich dieser Zusammenhänge viele verkehrte Vorstellungen in der Theologie der christlichen Kirchen vorhanden seien.

Es komme wohl nur äußerst selten vor, dass eine der neu angekommenen Seelen sich „im Frieden in Jesu Armen" befinde. Keine Seele, die aus den Beschränkungen der Erde hierher komme, sie möge noch so fortgeschritten sein in spiritueller Wahrheit, könne die erhöhten Schwingungen und das überhelle Licht auf den hohen Ebenen ertragen. Man scheine sich jeden Schritt vorwärts verdienen zu müssen.

Ein weiteres Beispiel einer zu betreuenden Seele ist der Mann mit dem Fahrrad.

Kurz vor Beginn des Ersten Weltkriegs starb er an einem Radunfall. Nach irdischer Zeitrechnung verbrachte er also schon eine ganze Weile im Erholungsheim. Dieser Mann war ein Einbrecher, der sich in der Kunst geübt hatte, nie erwischt zu werden. Er meinte, alle Dinge seien frei. „Hier ist alles frei", sagte er immer, „Warum soll dort nicht alles frei gewesen sein?" Ihm musste beigebracht werden, dass er moralisch im Unrecht war, obgleich die Welt, in der sich ebenfalls vieles ums Besitzen dreht, ebenfalls im Unrecht ist. Er weigerte sich aber zuzugeben, dass er von Besitzgier besessen war. Dieser Mann hatte scheinbar noch nicht verstanden, an welchem Ort er nun war und es wird wohl noch etwas dauern, bis diese Erkenntnis ihn auf allen Ebenen seines Seins erreicht hat.

An diesem Beispiel lässt sich auf eine wunderbare Art erkennen, wie sehr unsere eigene Begrenztheit uns daran hindert, voranzuschreiten.

Wirklichkeit

Frances sinnierte über die Wirklichkeit: „Ich dachte, ich sei real genug auf der Erde. Nun erkenne ich, dass das, was wichtig, wertvoll und substanziell erschien, nur der Schatten eines Schattens war. Ich bin selbst hier nicht richtig ‚real'. Auch das hier ist nur der Schatten, nur die Schale oder Hülle von etwas anderem. Ich bin noch unterwegs zum Zentrum, aber was das ist, wage ich kaum zu ahnen. Bis jetzt habe ich nur meinen äußeren Schatten abgelegt, meine äußere Haut – ungefähr so, als würde man die Schalen einer Zwiebel abschälen. Die geistigen Ebenen erstrecken sich bis in die Unendlichkeit. Was für eine Freude wird es sein, voranzuschreiten und sich, wenn auch langsam, seinem wahren Platz zu nähern. Ich vermute, dass jede Stufe real erscheinen wird, und jede folgende wird realer sein. Das klingt paradox. Aber die Wirklichkeit selbst? Die liegt ganz außerhalb unseres Begreifens."

Frances führte Gespräche mit Mutter Florence, die schon weiter war als sie. Es schien, als könne sie frei zwischen den Ebenen wechseln. Zugleich wusste sie, dass da noch viel mehr ist, unendlich viel mehr, jenseits jener Sphären, zu denen sie Zutritt hat.

„Durch Selbsterkenntnis und ehrliche Bewertung der eigenen Erlebnisse, durch Dienst an seinen Gefährten streift man die untergeordnete Persönlichkeit ab. Es ist nicht viel anders als auf der Erde – doch wie viel mehr erhält man hier dafür. Ich kann es am besten folgendermaßen ausdrücken: Das irdische, subjektive Innenleben wird in dem neuen Zustand hier zum Objektiven. Ich beginne zu begreifen, dass dies hier das Gesetz der Progression ist. Dadurch gelangen wir weiter in Reiche unfassbarer, wunderbarer Schönheit. Wie soll ich das erklären? Der subjektive oder innere Gehalt meiner Gedanken, meines Strebens und meiner Wünsche jetzt und hier wird den objektiven Platz gestalten, zu dem ich auf der nächsten Station meiner Reise gelangen werde. Genau, wie das Innenleben der Seele im irdischen Leib den ersten

Aufenthaltsort im Jenseits bestimmt. ‚Legt eure Schätze im Himmel an', hat eine reale Bedeutung."

Ich finde es wunderbar, wie sich Frances der Wirklichkeit annähert. Ich habe ja bei einer spirituellen Erfahrung mein wahres Selbst als Licht und Liebe erkannt, aber das war nur ganz kurz. Das ist auch bei Nahtoderfahrungen so.

Aber wenn ich einmal sterbe, werde ich auch zuerst meine „Zwiebelschalen" in einem längeren Prozess abbauen müssen.

Ich finde die Durchsagen von Frances so spannend, dass ich am liebsten das ganze Buch zusammenfassen würde – aber ich muss mich beschränken. Im Folgenden möchte ich nur noch ein paar Beispiele von Neuankömmlingen besprechen.

Jeannie hatte fast 12 Jahre auf Erden gelebt und war von zarter Statur. Ihr ganzer Ehrgeiz war es, Tänzerin zu werden. Sie hatte Talent. Unglücklicherweise zog sie sich im Alter von 8 Jahren Kinderlähmung zu. Es war ein schwerer Fall. Sie lag monatelang in der eisernen Lunge. Sie wurde schließlich gesund, aber das eine Bein war verkümmert. Die Muskeln schrumpften immer mehr und sie hatte oft große Schmerzen. Ihr größter

Kummer aber war, nie mehr tanzen zu können. In der Hoffnung, dass das Bein wieder auf einen normalen Stand gebracht werden könnte, ertrug sie stoisch mancherlei Torturen wie Streckapparate, Eisenklammern und neue Operationen. Als sie 11 Jahre alt war, wusste sie endgültig, dass sie nie mehr so sein würde wie andere Mädchen. Sie würde nie mehr hüpfen, springen und rennen können. Diese Erkenntnis war so qualvoll, dass diese zusammen mit den ständigen Krankheiten ihre Konstitution schwächte. Mit 12 Jahren starb sie an einer Lungenentzündung nach schwerer Unterkühlung.

Als Jeannie hier in unserem Erholungsheim aufwachte, waren Mutter Florence und ich an ihrem Bett. Das Kind schaute umher und versuchte, seinen Blick an diese neue Umgebung zu gewöhnen. Schließlich sah sie uns. Sie starrte uns an und brach in Tränen aus. „Da ist die Schwester, ich bin wieder im Krankenhaus", weinte sie bitterlich. „Bitte, bitte nicht wieder operieren." Mutter Florence streichelte ihr die Hand. „Du bist nun in unserem Heim, um dich zu erholen. Du wirst wieder ganz gesund werden." Jeannie sagte: „Nein, ich werde nie mehr gesund." Mutter Florence erwiderte, ihr Bein sei gesund und stark. Das Kind schüttelte den Kopf. Mutter Florence brachte sie dazu, es anzuschauen. Schließlich setzte sie sich auf und befühlte ihre Beine. Sie tat es immer und immer wieder, als könne sie es nicht glauben. Sie fragte, wo ihre Mami sei. Mutter Florence meinte, sie könnte zu ihr gehen, wenn sie wieder laufen gelernt habe. Jeannie wiederholte: „Laufen?" „Ja, laufen, springen und tanzen", antwortete Mutter Florence. Die Augen von Jeannie leuchteten auf. „Tanzen?" Florence zeigte Jeannie, dass ihre Beine gleich lang und stark waren. Jeannie fragte, ob das ein Wunder sei. „Man könnte es so nennen", meinte die Mutter. Schließlich fragte Jeannie Mutter Florence, ob sie die Maria sei. Die tue doch Wunder. Mutter Florence meinte lächelnd, dass sie nicht die Jungfrau Maria sei. Sie ermutigte Jeannie aufzustehen. Jeannie hatte Angst vor den Schmerzen. Sie ließ es aber zu, dass alle ihr beim Aufstehen halfen. Sie schwankte und taumelte, als wenn sie sich nicht auf das vorher verkrüppelte Bein verlassen könne. Langsam veränderte sich ihr Gesicht. Sie stand aufrecht und versuchte, ein paar Schritte zu gehen. „Es ist ein Wunder", rief sie glücklich. Sie weinte vor Freude. Plötzlich meinte sie: „Oder ist es nur ein Traum?" Alle versicherten ihr, dass sie gesund sei.

Jeannie wurde die Begleiterin von Frances, sie hatten viel Freude zusammen. Sie ließen sie fast alles selber entdecken. Frances war überrascht von den philosophischen Fragen und der Weisheit des Kindes. Einmal fragte Jeannie, ob sie Frances in ihrem Garten besuchen dürfe. Sie schaute Frances sehr ernst an und sagte: „Mir ist gerade etwas klar geworden. Ich habe begriffen, dass ich nicht träume", sagte sie ruhig, „Ich bin tot." Sie hielt Frances Blick fest. „Wir alle sind doch tot hier, das ist doch wahr?" Frances bejahte. „Aber du siehst ja, dass wir alle lebendiger sind als zuvor, du bist nur deinen kranken Leib losgeworden und hast einen neuen bekommen." Jeannie fragte, ob das eine Art Himmel sei, Frances meinte, es sei erst der Anfang. Sie wollte auch wissen, wo Gott sei, worauf Frances antwortete, der sei noch weit weg. Jeannie durfte bald auf eine höhere Sphäre gehen. Sie erzählte Frances, ein Engel hätte ihr gesagt, sie müsse noch richtig tanzen lernen, bevor sie auf Erden eine richtige Tänzerin würde.

Es wird auch von Kinderparadiesen berichtet, in denen sich verstorbene Kinder gewisser Altersgruppen in einer wunderbaren Umgebung und Betreuung entwickeln und „erwachsen" werden. Bei

Nahtoderfahrungen sehen Eltern ihre verstorbenen Kinder immer in dem Alter, in dem sie jetzt sein könnten.

Frances erzählte auch von einem Maler, der in einer kleinen, trostlosen Behausung in einer dunklen, krummen Gasse im Schattenland wohnte. Er war auf Erden ein vielversprechender französischer Maler, der sein Talent verschleuderte. Er verbrachte sein Leben in Zügellosigkeit und Nichtstun, verfiel dem Alkohol und dem Rauschgift, bis er schließlich in der Gosse landete. Während einer Rauferei tötet er einen Kollegen und starb selbst an einem Messerstich.

Frances beobachtete ihn beim Malen mit schmutzigen Farben. Auch er sah zerzaust und schmutzig aus. Sein Bild war dunkel und freudlos. Er sah sie mit finsteren Blicken an. Da er keine Notiz von ihr nahm, fragte sie ihn, ob sie seine anderen Bilder ansehen dürfe. Er machte eine Geste der Zustimmung. Es war eine kleine, dunkle Hütte mit einem einzigen Fenster, das zu schmutzig war, um mehr als ein düsteres Zwielicht einzulassen. Es roch übel. Die Wände waren vollgestellt mit Leinwänden. Die Bilder waren alle scheußlich, dunkel, primitiv und fast böse in ihrer hämischen Charakterdarstellung. Auf jedem Bild war die gleiche Tür zu sehen – immer verschlossen.

„Nun", grollte er, „Sie mögen die Bilder also nicht" Frances meinte, sie seien ihr zu düster. „Düster?!", schrie er, „Ich fordere jedermann heraus, hier in diesem stinkenden Loch etwas anderes zu machen." „Warum bleiben Sie den hier?" „Meinen Sie, ich wäre noch hier, wenn ich wüsste, wie ich herauskommen könnte?" Bereits im Gehen bemerkte Frances: „Ich wüsste einen Weg." Er trat wütend gegen eines seiner Bilder. „Dieser alte missionarische Unsinn! Davon habe ich schon mehr als genug gehört! Alle diese verdammten voreingenommenen Retter! Ihr lebt doch alle genauso in Illusionen wie ich." Diese seltsame Antwort zeigte doch, dass er nicht ganz unzugänglich war.

Frances sagte ihm, sie sei weder verdammt noch voreingenommen, das scheine eher auf ihn zuzutreffen. Er reagierte tief beleidigt. „Sie sind verdammt, wenn Sie hier leben", stellte Frances fest. „Ich meine, das wäre jeder andere hier auch. Und Sie sind voreingenommen, weil sie sich allen anderen verschlossen haben." „Allen anderen?", brüllte er. Plötzlich drehte er sich heftig um und sah Frances an. „Gibt es denn etwas anderes?" „Ja, das gibt es." „Dann sagen Sie es doch", höhnte er.

Das war nun nicht ganz einfach. „Es gibt Orte hier", versuchte Frances vorsichtig einen Weg, ihn zu beindrucken, „wo Maler wie Sie leben und die natürlichen Schönheiten der Landschaft malen." „Ach so, das ist nun wieder die alte Geschichte, das hat man mir schon oft erzählt." „Und sie wollen trotzdem bei ihren Vorurteilen bleiben? Sie wollen es nicht akzeptieren, obwohl man es Ihnen immer wieder versichert?" "Wie kann ich das, ich bin schon so lange in dieser Hölle." „Ja, zu lange", wagte sie ihn zu unterbrechen. „Vielleicht habe ich mich daran gewöhnt", es ist eine elend lange Zeit gewesen. Sie brachten mich vom Krankenhaus hierher, aber ich habe noch nicht herausgefunden, was mit mir passiert war. Ich war wohl bewusstlos, dann fand ich mich hier wieder. Niemand scheint zu wissen warum, und ich wollte die alten Säufer hier auch nicht fragen. Die wissen hier überhaupt nichts. Es liegt ihnen nichts daran, etwas in Erfahrung zu bringen. Ich bleibe für mich." Er grinste Frances böse an. „Ich bin nicht der Typ für Beichten und dergleichen." „Was tun Sie denn gerade anderes, als mir Ihre Vorurteile und Ängste zu beichten?" „Pah", meinte er. „Sie schaffen sich

Ihre eigene Hölle, wissen Sie." „Ich habe das hier sicher nicht gemacht." „Nicht tatsächlich, Sie haben es nur durch Ihre Gedanken geschaffen, genau wie die anderen hier." Er wütete verbal weiter. Plötzlich wurde er still. Sein Zorn war verraucht. „Könnten Sie denn hier malen?", kam es gepresst. „Ich würde es gar nicht versuchen", meinte Frances mit Blick auf die düstere Umgebung. „Ach!" „Warum versuchen Sie nicht, andere Orte zu finden?" „Andere Orte?" „Wo es hell und schön ist." „Kennen Sie denn solche Orte?" „Ich kenne welche." Er hob die Schultern. „Wie sollte ich dahin kommen? Ich habe kein Geld, keinen Pass, keine Fahrkarte. Wie sollte ich je solche Orte erreichen?"

Frances wollte gerade antworten, als sie sah, dass Mutter Florence neben ihr stand. „Sie müssen sie nur suchen", schaltete sich Mutter Florence sanft ein. „Sie müssen bitten, dass man Sie an solche Lichtorte bringt." Er starrte sie an. „Sind Sie sicher, dass es solche Orte gibt?", fragte er erwartungsvoll. „Oh, ja!" gaben sie ihm beide zur Antwort. „Aber ich habe keinen Erlaubnisschein." „Doch", erinnerte ihn Mutter Florence in ihrer sanften Art, „Sie haben Ihre Gedanken." „Gedanken, ja und?" „Denken Sie an das Licht, malen Sie

Licht in Ihre Bilder." Er war plötzlich außer sich über diese vermeintliche Dummheit. „Wie kann ich Licht malen, wenn ich nicht die Farben dazu habe? Die hellen Farben!" „Die können Sie jederzeit bekommen. Einer der Helfer wird Ihnen helle Farben geben", antwortete die Mutter ruhig. "Warten Sie, ich rufe gleich einen." Sogleich stand ein junger Mann in brauner Kutte vor uns. „Unser Künstlerfreund." Mutter zeigte auf den Maler: „Er braucht reinere Farben, er möchte Licht in seine Bilder malen." Der Bruder lächelte erfreut: „Ausgezeichnet, kommen Sie mein Freund, ich will Ihnen neue Farben holen. Wir wollen sehen, dass Sie Licht malen können. Kommen Sie." Der Maler zog die Schulter hoch voll Erstaunen über dieses seltsame Geschehen, drehte sich um und folgte der Mönchsgestalt.

Sie sahen ihnen nach, wie sie auf einen Hügel zugingen, wo ein heller Lichtstrahl die Dunkelheit durchdrang. „Er ist auf dem Weg Schwester, er wird es schaffen."

Das ist meine schon erwähnte himmlische Pädagogik. Mit viel Geduld und Einfühlung versuchen sie, solch unbewusste Wesen zu fördern. Er hatte noch nicht bemerkt, dass seine Umgebung, in der er wohnt, seine Seelenlandschaft spiegelt, seine Gedanken und Gefühle drehen sich darin. Er hat nicht bemerkt, dass er der unbewusste Schöpfer seiner Realität ist. Deshalb habe ich es so ausführlich nacherzählt. Frances und die Mutter werden ihn sicher noch so weit bringen, dass er sich seinem Lebensrückblick stellt. Damit beginnt dann der erst große Schritt nach vorne, ein langsamer Erkenntnisprozess.

Damit möchte ich das faszinierende Buch von Helen Greaves verlassen.

Es gibt noch ein weiteres interessantes Büchlein von Estelle Stead. Sie ist die Tochter des englischen Journalisten W. T. Stead, der auf der Titanic starb. Er konnte sich mit seiner Tochter telepathisch verständigen, bevor sie die offizielle Todesnachricht erhielt. So konnte er, ähnlich wie Frances Banks, ihr erzählen, was er erlebte. Das Interessante ist, das die prinzipiellen Gegebenheiten, die beide erlebt haben, sehr identisch sind – die Details, die auf die jeweilige Persönlichkeit und Interessen schließen lassen, sich jedoch unterscheiden. Das zeigt auch wieder, dass wir immer dort sind, wo unsere Interessen und Wünsche sind.

Über diese beiden Berichte hinaus gibt es noch viele interessante Begebenheiten von anderen, die in die gleiche Richtung gehen. Beispielsweise die von Beatrice Brunner im ABZ Verlag. Alle betonen die große Auswirkung, die unsere Gedanken auf das ganze Universum haben. Auch in den alten Einweihungslehren wurde die Wichtigkeit der Kontrolle unserer Gedanken betont. Das bestätigen jetzt die Jenseitsberichte und Nahtoderfahrungen. Das sichtbare Universum besteht auch nach dem Physiker Jules Muheim aus materialisierten Gedanken. „Das Wort ist Fleisch geworden." Somit ist es ein Gedanken-Universum. Es kommt auch bei Heilungen auf die Kraft und Überzeugtheit an, die dem Gedanken innewohnt. Daher auch das Wort: „Der Glaube versetzt Berge."

Ein Beispiel: Viele lernen als Kinder, dass der heilige Antonius dabei hilft, verlorene Gegenstände zu finden, wenn man ihm etwas in die Antoniuskasse verspricht. Das funktioniert sehr gut, habe ich schon mehrmals gehört und auch selbst erlebt. Es ist das Gesetz des Glaubens und Denkens, das hier wirkt. Die Gabe, die wir spenden, überzeugt das Ego. Sie verstärkt die Glaubenskraft: Wir haben es verdient und glauben es, darum finden wir den Gegenstand. Was wir wirklich glauben und wollen, verwirklicht sich. Aber in der materiellen Welt geht das nicht immer sofort, zum Glück!

6. Was sagen Naturwissenschaftler zur Unsterblichkeit der Seele und zu Gott?

Werner Heisenberg, Quantenphysiker, Nobelpreisträger:

„Der erste Schluck aus dem Becher der Wissenschaft führt zum Atheismus, aber auf dem Grund des Bechers wartet Gott."[40]

Wilder Penfield, Neurochirurg, schrieb in seinem Buch „The Mystery of the Mind":

„Auf die eine oder andere Art ist die Frage nach der Natur des Geistes ein elementares Problem, vielleicht das schwierigste und bedeutendste der Probleme. Ich habe mein ganzes Leben als Wissenschaftler damit verbracht, zu erforschen, wie das Gehirn das Bewusstsein steuert. Nun muss ich in dieser abschließenden Zusammenfassung meiner Ergebnisse überrascht feststellen, dass die Hypothese des

Dualismus (der Geist existiert getrennt vom Gehirn) die vernünftigere Erklärung ist."[41]

Zu dieser Feststellung konnte sich Penfield im Alter durchringen. Der Wissenschaftler, von dem Frances Banks berichtet, konnte das erst durch die Erfahrung, die er im Jenseits machte.

Wilder Penfield soll durch Reizung in der sylvischen Fissur rechts im Temporallappen ähnliche Phänomene ausgelöst haben, wie sie Nahtoderfahrene erleben. Offenbar ist diese archetypische Erfahrung dort codiert. Das heißt, die Fähigkeit, zu wissen, wie es sich anfühlt, die göttliche Liebe und das Licht zu erfahren, ist in jedem Menschen im Gehirn codiert. Damals wurde nicht weiter geforscht. Diese Untersuchungen müssen ja am offenen Gehirn durchgeführt werden.[42] Ein früherer Mitarbeiter von Penfield, der bei diesen Operationen dabei war, meinte, wenn man die Bedeutung dieser Experimente damals erkannt hätte, wäre es möglich gewesen, weitere Experimente anzuschließen, die die außerkörperliche Erfahrung als real gezeigt hätten oder nicht. Aber Penfield war sich damals so sicher, dass Gehirn und Bewusstsein identisch sind.

Penfields Lehrer, der Nobelpreisträger Sir John Eccles und Charles Sherrington waren der Meinung, dass das Gehirn nicht das Bewusstsein produziert.

Sir John Eccles postulierte, dass kleinste Prozesse auf der Ebene der Quantenphysik hinreichend seien, um die Ausschüttung von Neurotransmittern zu beeinflussen und schloss daraus, dass die Wirkung eines energie- und masselosen Geistes auf das Gehirn somit durch eine Beeinflussung der quantenmechanischen Wahrscheinlichkeitsfelder erklärbar werde.

„Ich bleibe dabei, dass das Mysterium des Menschen vom wissenschaftlichen Reduktionismus in unglaubwürdiger Weise herab gewürdigt wird, wenn er beansprucht und verspricht, die gesamte spirituelle Welt letzten Endes auf materialistische Weise mit Mustern neuronaler Aktivität erklären zu können."[43]

Eben Alexander, Neurochirurg

Als er seine Erinnerungen mit mehreren anderen Neurochirurgen und Wissenschaftlern durchging, zog er einige Hypothesen in Betracht, die seine

Erinnerungen vielleicht erklären könnten. Doch sie alle konnten nicht erklären, wie es zu dieser reichen, stabilen und vielschichtigen Interaktivität seiner Erfahrung im Übergang und im Zentrum (der „Ultra-Realität) gekommen ist."[44]

Jill B. Taylor, Hirnforscherin

Am 10.12.1996 platzte ein Angiom in ihrem Kopf und das Blut ergoss sich in die linke Hirnhälfte. Sie erlebte als Neuroanatomin, wie die eigene linke Hirnhälfte immer mehr ausfiel und es still wurde in ihr. Sie erlebte ihren Körper als grenzenlos und fließend energetisch. Wenn sie sich auf diese Stille einließ, fühlte sie himmlischen Frieden und Einheit mit dem Universum. Sie ließ sich in einem Meer von Euphorie treiben und beschrieb ihre Erfahrung als ein Samadhi, einen Zustand, in dem das diskursive Denken zur Ruhe gekommen ist. Der intellektuelle Verstand war abgeschaltet, die rechte Hirnhälfte funktionierte.

Ihr Bericht zeigt deutlich, was übrig bleibt, wenn die linke Hirnhälfte mit den Sprachzentren, dem Sitz des Egos (nicht des wahren Selbst), den motorischen und sensorischen Zentren, dem Zeitgefühl, dem Gedächtnis etc. ausfällt. Dieser „Ausfall" erhob Jill Taylor in einen Zustand der Allwissenheit und Einheit.

Es dauerte 8 Jahre, bis sie wieder vollständig genesen war.[45]

Pim van Lommel, Kardiologe und Nahtodforscher

Pim van Lommel hat die Schnittstelle Gehirn-Bewusstsein, Junk DNA – nichtlokales Bewusstsein – herausgearbeitet. Er definiert den nichtlokalen Raum als Raum, in dem Zeit und Distanz keine Rolle spielen, wo alles augenblicklich und ständig miteinander verbunden ist. Im nichtlokalen Raum gibt es eine verborgene Wirklichkeit, die fortwährend Einfluss auf unsere physische Welt ausübt.[46]

Wernher von Braun, Physiker

„Alles, was die Wissenschaft mich gelehrt hat, bestätigt meinen Glauben in eine spirituelle Wiedergeburt nach dem Tod. Ich glaube an eine unsterbliche Seele. Die Wissenschaft hat bewiesen, dass sich nichts in Nichts auflösen kann. Das Leben und die Seele können sich deshalb unmöglich in Nichts auflösen und sind deshalb unsterblich."[47]

In diesem Zusammenhang möchte ich noch etwas über die Definition der Seele sagen. Die Beschreibung von Rudolf Steiner erscheint mir als ein gutes Arbeitsmodell: Nach Steiner besteht die Seele aus dem Ätherkörper (Energiekörper, Blackbox), dem Astralkörper (Gefühle) und dem Mentalkörper. Darin steckt die Ich-bin-Gegenwart wie ein Schwert in der Scheide.

Nach Steiner löst sich im Schlaf und Traum der Astralkörper vom physischen Körper. Bei einer Nahtoderfahrung oder einem Schock löst sich darüber hinaus der Ätherkörper. Im Tod lösen sich alle diese feinstofflichen Körper irreversibel vom materiellen, grobstofflichen Körper. Klaus Volkamer hat experimentell nachgewiesen, dass der Mensch beim Tod ca. 100 g. Gewicht verliert. Auch beim Einschlafen verliert der Mensch an Gewicht und nimmt das beim Aufwachen wieder zu.[48]

Erwin Schrödinger, Physiker, Nobelpreisträger

„Ein rein verstandesmäßiges Weltbild ganz ohne Mystik ist ein Unding."[49]

„Die Vielfältigkeit ist offenkundig, in Wahrheit gibt es nur einen Geist. Bewusstsein gibt es seiner Natur nach nur in der Einzahl. Ich möchte sagen: Die Gesamtzahl aller Bewusstheiten ist immer bloß eins."[50]

„Der Grund dafür, dass unser fühlendes, wahrnehmendes und denkendes Ich in unserem naturwissenschaftlichen Weltbild nirgends auftritt, kann leicht in fünf Worten ausgedrückt werden: Es ist selbst dieses Weltbild. Es ist mit dem Ganzen identisch und kann deshalb nicht als ein Teil darin enthalten sein."[51]

„Darum ist dieses dein Leben, das du lebst, auch nicht ein Stück nur des Weltgeschehens, sondern in einem bestimmten Sinn das Ganze. Nur ist dieses Ganze nicht so beschaffen, dass es sich mit einem Blick überschauen lässt. Das ist bekanntlich, was die Brahmanen ausdrücken mit der heiligen, mystischen und doch eigentlich so einfachen und klaren Formel: Tat twam asi (das bist du)."[52]

Max Planck, Quantenphysiker, Nobelpreisträger

„Nicht die sichtbare und vergängliche Materie ist das Wirkliche, Reale, Wahre - sondern der unsichtbare, unsterbliche Geist."

„Eine neue wissenschaftliche Erkenntnis lässt sich gewöhnlich nicht so darstellen, dass ihre Gegner überzeugt sind. Diese sterben vielmehr aus, und eine nachwachsende Generation ist von Anfang an mit der Wahrheit vertraut."

„In allem Streben und Forschen suche ich hinter dem Geheimnis des Lichtstrahls ehrfürchtig das Geheimnis des göttlichen Geistes."[53]

Anton Zeilinger, Quantenphysiker

„Wir müssen uns wohl von dem naiven Realismus, nach dem die Welt an sich existiert, ohne unser Zutun und unabhängig von unserer Beobachtung, irgendwann verabschieden."

Klaus Volkamer, physikalische Chemie

Volkamer erklärt die Nahtoderfahrungen mittels seiner Theorie des Sehstrahls.[54] Auch das Hellsehen lässt sich damit erklärten.

„In jüngeren Jahren ging ich mit meinen Schwestern in einen Kurs, in dem es unter anderem um die Funktion der Telepathie ging. Dazu lernten wir eine Methode kennen. Später machte ich mit meiner ältesten Schwester ein Experiment. Sie wohnte ca. 40 km weit von mir entfernt. In diesem Experiment war sie der Sender und ich der Empfänger. Ich konzentrierte mich und leerte meinen Geist. Da sah ich plötzlich in der Halbdunkelheit Kartoffeln hinunterfallen. Daraufhin rief ich meine Schwester an und fragte sie, was sie mir gesendet hätte. Sie sagte: „Eine Zitrone." Da erzählte ich ihr, dass ich herunterfallende Kartoffeln gesehen hätte. Sie antwortete mir, dass sie eben faule Kartoffeln in den Kehrichtkübel geworfen hätte. Dabei habe sie ein schlechtes Gewissen gehabt. Meine Schwester war also mit den Händen, den Gedanken und den Gefühlen bei den Kartoffeln, und das habe ich aufgenommen. Die Zitrone hatte für sie keine Relevanz und ist daher auch nicht bei mir angekommen. Ich könnte mir vorstellen, dass es bei solchen

Übermittlungen sehr von der Intensität der Gedanken und Gefühle abhängt. Meine Schwester war mit allen Sinnen bei den Kartoffeln. Möglicherweise gibt es für diese Art der Übermittlung ebenso Gesetze, wie es für die physikalischen Übermittlung Gesetze gibt.

Ich habe etwa 3 bis 4 Mal in meinem Leben solche Übermittlungen erlebt. Bewusst einüben wollte ich diese Fähigkeit jedoch nicht. Ich hätte Sorge, dass ich zu viel Energie dafür aufbringen müsste, zu kontrollieren, was ich sehen will und was nicht. Vielleicht wäre ich auch enttäuscht, wenn ich bei Menschen Dinge sehen würde, die das Gegenteil von dem darstellen, was diese Menschen nach außen präsentieren.

Meine medialen Fähigkeiten waren in meiner Kindheit stärker ausgeprägt. Möglicherweise hat das Studium dazu beigetragen, dass ich meine linke Hirnhälfte zu viel und meine rechte zu wenig trainiert habe.

Professor Anton Zeilinger hat die Quantenverschränkung experimentell nachgewiesen, es wäre wunderbar, wenn er sich die Theorie des Sehstrahls von Dr. Klaus Volkamer anhören würde, die Quantenverschränkung spielt eine Rolle bei Nahtoderfahrungen und spirituellen Erfahrungen."

Michael König, Quantenphysiker

„Die Elektronen sind die elementaren Träger des Bewusstseins bzw. elementare Vermittler zwischen Geist und Materie. Elektronen verfügen aufgrund des in ihrer inneren Raumzeit eingeschlossenen Photonengases über ein eigenes Gedächtnis bzw. über einen Informationsspeicher. Über die vielfältigen elektromagnetischen Wechselwirkungsmöglichkeiten sind sie an elementaren Bewusstseinsprozessen wie Erfahrung, Tat, Reflexion, Erkenntnis und Liebe beteiligt.

Nur die Wechselwirkung der Liebe führt zu einer Bündelung der Lichtenergie und damit zu einer Erhöhung der inneren Photonenfrequenz. Wird die gesamte Energie auf ein Superlichtteilchen gebündelt, so ist das Photonengas in Resonanz mit der Pulsation der inneren Raumzeit und damit in Resonanz mit der Gravitationswelle des Elektrons."[55]

Jules Muheim, Physiker an der ETHZ

1996 schrieb Muheim unter anderem, dass das Naturgesetz die Liebe sei und kein Atom jemals vergesse, was ihm alles zugestoßen sei. Zu diesem Schluss kam er durch die Plasmaforschung.

Seine Kollegen haben ihn nicht verstanden. Ich habe Verständnis dafür, dass man das damals vom naturwissenschaftlichen Standpunkt aus kaum nachvollziehen konnte. Es fällt mir allerdings schwer, zu verstehen, wie man außerdem all die anderen Wissenschaftler ignorieren konnte, die zu diesem Thema etwas beigetragen haben. Sei es Michael König, der die komplexe Relativitätstheorie von Jean Emil Charon studierte, der Physiker Burkhard Heim, Klaus Volkamer und seine experimentellen Nachweise für das Austreten des feinstofflichen Körpers beim Einschlafen, Nahtod oder Tod und die Theorie des Sehstrahls, obwohl ich die Aussagen dieser Wissenschaftler damals nur intuitiv erfasst habe, so bin ich jetzt doch davon überzeugt, dass diese Physiker mit der Aufklärung der Aufklärung begonnen haben. Ich kann auch den Schmerz von Jules Muheim und anderer nachfühlen, wenn sie umwerfende Entdeckungen gemacht haben und niemand zuhören wollte. Heim und Volkamer in Deutschland, Charon in Frankreich und Muheim in der Schweiz kamen im selben Zeitraum zu im Wesentlichen gleichen Ergebnissen.

Mit einem Zitat von Albert Einstein möchte ich dieses Kapitel abschließen:

„Durch bloßes logisches Denken vermögen wir keinerlei Wissen über die Erfahrungswelt zu erlangen, alles Wissen über die Wirklichkeit geht von der Erfahrung aus und mündet in ihr."[56]

Das wissen die Nahtoderfahrenen am besten. Und auch all jene Menschen, die selber spirituelle Erfahrungen gemacht haben.

7. Schlussfolgerungen und Diskussion

Bei aller Übereinstimmung von Nahtoderfahrungen und Jenseitsberichten zeigt sich doch ein fundamentaler Unterschied. Bildlich gesprochen lässt er sich so formulieren: Die Nahtoderfahrung ist wie eine Reise mit einer Rakete zu einem unbekannten Planeten im Kosmos, aber die Verbindung mit der Bodenstation besteht die ganze Zeit über. Während im Tod diese Verbindung nicht mehr existiert und die Seele auf jenem fernen Planeten Wohnsitz nimmt.

Dieser ferne Planet entpuppt sich aber als echtes Zuhause, als glückliches Aufgehobensein (im Normalfall). Den Tod, wie wir ihn uns vorstellen, gibt es nicht. Die Seele kümmert sich so wenig um den verschlissenen Körper, wie der Schmetterling um die zerrissene Puppe. Darum müssen wir auch keine Angst vor dem Tod haben. Die physische Welt geht uns ja symbolisch voran. Die physische Welt ist Symbol.

Weil sich immer noch zu viele Menschen mit dem Körper, der Hülle, identifizieren, hat der Tod noch seinen Schrecken und die Menschen schauen nicht hin. Sicher tut die körperliche Trennung von einem geliebten Menschen sehr weh. Aber wenn man die Farce des Todes durchschaut, lässt es sich vielleicht doch etwas besser damit umgehen. So gibt es eben zwei Aspekte: Der „Gegangene" ist zu Hause, während die Hinterbliebenen noch im „Arbeitscamp" sind. Wie drückte es der Dichter Stefan Zweig so wundervoll aus: "Wer einmal sich selbst gefunden hat, der kann nichts mehr auf dieser Welt verlieren." Oder: "Niemand ist fort, den man liebt. Liebe ist ewige Gegenwart."

Es gibt aber noch einen andern Unterschied zwischen Nahtoderfahrungen und dem Jenseits: Da die Nahtoderfahrenen ihr Bewusstsein ausweiten, lassen sie alles Irdische hinter sich und empfinden sich als Teil dieses großen, wunderschönen Lichts und der ekstatischen Liebe. Sie nehmen die falschen Muster, die in den Spiegelneuronen gespeichert sind, nicht mehr wahr. Sie erkennen ihr wahres Selbst, ihr wahres Erbe und fühlen sich frei und wunderbar. Das geht offenbar nur, solange die Seele noch nicht ganz vom Körper abgenabelt ist, sie aber im Moment die Erinnerung an das Irdische abgestreift hat und sich in der reinen göttlichen Ich-bin-Gegenwart befindet. Die Seele als Ätherkörper und Astralkörper in der Ich-bin-Gegenwart kann die außerkörperlichen Erfahrungen am besten erklären. Der Feldkörper von Dr. Volkamer geht in die gleiche Richtung.

Bei der Rückkehr fallen die Nahtoderfahrenen in die Dunkelheit und Enge der materiellen Welt zurück. Aber sie nehmen viel mit ins irdische Leben: die Erkenntnisse aus ihrem Lebensrückblick und das Wissen um den Urgrund allen Seins – die bedingungslose Liebe. Der Einblick in das wahre Selbst ist offenbar ein Geschenk, das uns hilft, das irdische Leben besser lebenswerter zu gestalten.

Den Jenseitsberichten zufolge erwachen die Seelen irgendwann und sind genau dort, wo sie, bezogen auf ihre Gedanken und Taten, hingehören: in Sphären Ihresgleichen. Sie sind dieselben, die sie vor dem Tod waren. Nach einer gewissen Erholung oder Anpassung ist der erste Schritt der Lebensrückblick. Die Erinnerung an das irdische Leben ist wieder da. Man ist noch nicht in seinem Lichtkern, der Liebe-Licht-Ich-bin-Gegenwart angekommen. Jeder steht genau an seinem Platz, dem Ausgangspunkt für höhere Sphären. Aber jede muss erarbeitet werden. Frances Banks verglich das mit dem Schälen einer Zwiebel. Manchmal brennt es auch ein wenig bei einem normalen Leben. Bei einem Verbrecherleben wird es ätzend. Es findet ein langsamer Bewusstseinserweiterungsprozess statt und es herrscht eine absolute Gerechtigkeit ohne eine Verurteilung durch einen Gott. Unser Leben selbst fällt das Urteil. Dabei werden wir getröstet und begleitet. Im Jenseits gibt es keine Ideologien, nur Weisheit (Licht) und Liebe. Die Religionsstifter haben immer versucht, im Kontext der jeweiligen Kultur etwas von dieser Weisheit und Liebe zu vermitteln. Wir lernen beim Lehren. Je nach Weiterentwicklungswunsch inkarnieren sich die Seelen früher oder später von neuem. Sie bekommen den Körper mit der Genetik, den sie für ihre Aufgabe brauchen. Alles geht nach Plan. Den unseren erkennen wir nach einem Leben. Aber den Ganzen?

Die Informationen, die wir bis jetzt über die andere Dimension haben, kommen alle von unteren Stufen oder Sphären. Informationen aus höheren Sphären könnten wir gar nicht fassen, denn zuerst müssten wir ja auch das bisher gewonnene integrieren.

Nach den vielen Jenseitsberichten, die ich studiert habe, scheint es wirklich so auszusehen, als würde die Weite unseres Horizontes im Jenseits davon abhängen, was wir auf Erden fähig waren, uns bewusst zu machen, d. h. was wir an tiefen Wahrheiten erkannt haben und was wir aus Liebe getan haben. Das ist unsere jeweilige Ausgangsposition. Dies entspricht auch dem, was Rudolf Steiner lehrte. Die Ausflüge in die Allwissenheit, wie sie bei Nahtoderfahrungen geschehen können, hängen offenbar davon ab, was für Fragen der Nahtoderfahrene fähig und interessiert ist zu stellen. Im Jenseits hängt es aber davon ab, wie viel Licht und Liebe wir mitbringen. Bei Frances Banks zeigte sich das ja sehr eindrücklich, als die Stärke des Lichtes sie daran hinderte, in die Innenhöfe der Hallen des Wissens zu gehen. Auch bei Nahtoderfahrenen kommt es vor, dass sie zurückgeholt werden, wie im Beispiel von Brad, der am Arm zurückgehalten wurde, als er zu weit ins Licht gehen wollte. Es lohnt sich also, so viel wie möglich zu lernen und zu lieben, zu erkennen und schwierige Situationen auszuhalten. Man „dealt" mit dem, was man auf der „Festplatte" hat, und mit dem, was man in seiner Seele in den Elektronen gespeichert hat. Das sind die Regeln der irdischen Inkarnation.

Das Leben basiert auf dem Gesetz der Resonanz und der Spiegelung. Der Astronaut Edgar Mitchell ist zu der Überzeugung gekommen, dass Resonanz und Nichtlokalität die Schlüssel zur gesamten Funktionsweise der Psyche seien. Es ist unsere Aufgabe, daraus zu lernen und auszugleichen. Das hat auch im Jenseits seine Gültigkeit. Wären nach unserem Tod sämtliche Erinnerungen sofort ausgelöscht, hätte das Leben auf der Erde keinen Sinn gehabt. Wir hätten nur einen kleinen Einblick gehabt und wären den Weg nicht zu Ende gegangen.

An dieser Stelle taucht ein Paradox auf. Unser wahres Selbst ist und war schon immer vollkommen. (Angelus Silesius: „Die Seel' ist ein ew'ger Geist, ist über alle Zeit, sie lebt auch in der Welt schon der Ewigkeit.") Daher wird häufig gesagt, dass die Verletzungen, die wir uns und andern zufügen nur Scheinverletzungen seien, weil wir in diesem Moment gar nicht wissen, was wir tun, weil wir uns unseres wahren Selbst, das reines Licht und Liebe ist, nicht bewusst sind. Vom Standpunkt der absoluten Wahrheit aus können wir uns daher nicht schuldig machen, weil unsere Essenz ein Teil des Schöpfers ist. Wenn wir uns verurteilen, verurteilen wir Gott, und Gott verurteilt sich nicht selbst. Aber vom relativen Standpunkt aus können wir uns durchaus schuldig machen.[57] Doch das passiert nur auf der Ego-Ebene. Wir spielen also im großen Welttheater unsere Rollen – aber diese Rollen können viel Schmerz und Leid auslösen. Das passiert offenbar, solange wir an diesen Dramen festhalten und solange wir nicht verzeihen können. Häufig werden endlose Opfer-Täter-Rollen „gespielt". Schuldgefühle produzieren Opfer, Rache produziert Täter. Das machen wir, solange wir es nicht besser wissen, solange wir an den falschen Mustern, die in den Spiegelneuronen gespeichert sind, festhalten, solange wir nach Gut und Böse bewerten – kurz gesagt: solange wir nicht wissen, wer wir wirklich sind.

Vom göttlichen Standpunkt aus sind wir niemals schuldig. Darum wird auch niemals jemand von Gott verurteilt, (das erleben alle Nahtoderfahrenen). Jesus hat es uns vorgemacht, indem er niemanden bei seiner Kreuzigung beschuldigte, sondern, im Gegenteil, Vergebung lehrte: "Vater vergib ihnen, denn sie wissen nicht, was sie tun." Die gnadenlosen Richter sind wir. Erst wenn wir uns und anderen verzeihen und für die göttliche Gnade, die uns offenbar immer geschenkt wird, empfänglich sind, wenn wir damit aufgehört haben, uns selbst zu bestrafen, kommen wir aus den

Opfer-Täter-Rollen heraus.[58] Unsere Defizite sind immer Selbstbestrafungen. Es ist unserem Ego möglich, durch den Dienst am Nächsten Fehler wieder auszugleichen. Interessanterweise geht es auch auf der Erde immer um die „Liebe" als die größte Macht. Auch wenn diese Liebe häufig auf völlig falschen Gleisen fährt: Macht, Sex und Geld werden als Liebe getarnt oder mit ihr verwechselt. Es sind im Grunde genommen immer Verstöße gegen die Liebe, mit denen wir es in den schmerzhaften Situationen unseres Miteinanders zu tun haben. Von den Nahtoderfahrenen haben wir gehört, dass sie die Liebe als grundlegendstes Element erfahren haben, und dass sich diese Erfahrung sehr von diesem Ich-liebe-dich-du-liebst-mich-Gefühl unterscheidet, das wir in unserem irdischen Dasein zumeist für die Erfüllung halten. Die Illusion dabei ist, dass wir meinen, etwas zu brauchen, das wir bereits vollkommen sind. Ich glaube, die große Sehnsucht nach Liebe, die wir auf Erden empfinden, hängt damit zusammen, dass wir die wahre Liebe in der Tiefe unserer Seele kennen, aber sie nur richtig zu schätzen und zu würdigen wissen, wenn wir sie durch die Amnesie der Geburt vergessen. Mangel und Sehnsucht treiben uns an.

Offenbar haben wir uns einst entschlossen, die Reiche der Materie kennen zu lernen, sie zu durchlichten. Uns durch die Materie kennen zu lernen, uns wieder daran zu erinnern, wer wir wirklich sind, ist eine sehr große Aufgabe. Wir waren alle ungeheuer mutig, dass wir uns dafür entschlossen haben. Aber was ist das wirkliche Ziel? Je mehr wir uns in der Materie „entwickeln", d. h. ausdrücken können, je schöpferischer werden wir. Das Schöpferische macht uns Spaß. Es würde uns aber noch mehr Spaß machen, wenn wir auf Erden himmlische Bedingungen schaffen könnten. Wahrscheinlich ist das unser Ziel: die bedingungslose Liebe auch in der Welt der Materie leben zu können. Damit das gelingt, muss bereits der Antrieb dazu liebe-voll sein. Nicht durch Zwang, sondern durch Einsicht in die geistige Realität vollzieht sich dieser Wandel. Um den Weg der Selbsterkenntnis kommt keine Seele herum. Je mehr wir also wissen und verstehen, desto größer ist die Chance auf ein glückliches und gesundes Leben.

Auch bestätigen uns die Nahtoderfahrenen, dass wir immer geliebt sind. Häufig wissen wir im Diesseits nicht, wie wir uns selbst lieben können, wie wir zutiefst authentisch sein können, ohne dass wir uns eine Maske aufsetzen oder uns verbiegen. Jeder will geliebt werden. Und was tun wir nicht alles, um geliebt zu werden! Dabei müssten wir nur auf unser Herz hören und wissen, dass wir bereits in der Liebe sind. Wir können die kosmische Liebe einatmen und direkt ins Herz ausatmen. Das funktioniert, wenn wir die Liebe tatsächlich begriffen haben und wenn wir unser Herz von allen Rachegefühlen, Verletzungen und Enttäuschungen entrümpelt haben.

Wie bereichernd wäre es, wenn man schon in den Schulen etwas über universale Prinzipien lernen würde: Was ich andern angetan habe, habe ich immer auch mir angetan. Wenn ich anderen Freude mache, mache ich auch mir Freude. In Wahrheit sind wir alle verbunden und eins mit der göttlichen Licht-Liebe, die immer allgegenwärtig ist. Fehler machen ist normal, aber wir müssen etwas daraus lernen. Ich bin deswegen nicht böse, wie uns das als Kind häufig eingetrichtert wurde. Unser innerstes, wahres Selbst ist immer Licht und Liebe. Wir sind vom Schöpfer immer bedingungslos geliebt, uns ist schon verziehen, bevor wir gefragt haben. Aber unser Ego muss lernen zu verzeihen.

So langsam, langsam könnte sich ein neues Seinsverständnis durchsetzen. Religionskriege, die leider immer noch stattfinden, würden überflüssig werden.

Mir macht in diesem Zusammenhang ein afrikanisches Sprichwort Mut: "Viele kleine Leute an vielen kleinen Orten, die viele kleine Schritte tun, können das Gesicht der Welt verändern."

Durch die Erweiterung des Bewusstseins, vor allem der Nahtoderfahrene, haben wir heute so viele Informationen, dass wir es uns kaum noch leisten können, unsere ignorante Haltung weiter zu kultivieren. Es gibt Millionen Menschen, die das Gleiche erfahren haben. Sie geben uns so viele Hinweise, was für unser irdisches Leben wichtig ist.

Milliarden von Euro und Dollar werden in Roboter-Projekte gesteckt. Roboter sollen in der Medizin und Krankenpflege eingesetzt werden, bei der Polizei, im Verkehr oder in der Armee. Ich halte das für gefährlich. Eine Verwendung von Robotern in der Industrie ist etwas anderes, aber wenn Roboter auf Menschen losgelassen werden sollen, beunruhigt mich das sehr. Menschen brauchen Liebe, um gesund zu bleiben oder zu werden. Fröhliche, liebende schöpferische Menschen sollten das Ziel sein. Doch zurzeit sind wir noch nicht so weit.

Wir sind keine Maschinen und man sollte uns nicht auf dieses Niveau drücken. Robotern fehlt das Wesentliche: die Liebe. Darum können sie nur sehr beschränkt Verwendung finden. Hauptsächlich fehlende Liebe macht die Menschen krank.

Andererseits ist die Weiß-Geld-Strategie, die auf der ganzen Welt langsam durchgesetzt wird, ein positives Zeichen. Die Bemühungen um gerechtere Geldgeschäft haben gerade erst begonnen. Auch die Bestrebungen nach Freiheit sind positiv. Allerdings ist Gewalt als Mittel zu ihrer Erlangung die falsche Wahl. Ideologien wirken sich immer noch sehr hindernd auf die persönliche und gesellschaftliche Entwicklung aus. Sich an Definitionen und Dogmen zu klammern, ist scheint mir ein Zeichen großer Verunsicherung zu sein. Doch es braucht Mut, um einen neuen Weg zu gehen. Daher ist es so wichtig, das Prinzip der Liebe als Grundlage allen Seins zu erkennen. Und es ist wichtig, in diese Richtung weiter zu forschen. Gibt es denn etwas Faszinierenderes zu erforschen, als das menschliche Bewusstsein? An diesem Thema müsste vor allem interdisziplinär gearbeitet werden.

Eines ist todsicher: Die ewige Ruhe können wir uns abschminken, auch wenn sie uns von unserem beschränkten Verstand aus manchmal lieber wäre, wenn wir uns gar zu fest in die irdischen Dramen verwickelt haben.

8. Ein lebendes Beispiel von Reinkarnation und Karma

„Ich war ein unerwünschter Nachzügler und wuchs in schwierigen Verhältnissen auf. Mein Vater starb, als ich zehn Jahre alt war. So in der zweiten oder dritten Klasse verlor ich den Respekt vor meinem Vater. Manchmal war ich recht böse zu ihm, obwohl er mir nichts zuleide tat. Ich wollte ihn offenbar ein wenig wach rütteln, um etwas von ihm zu spüren. Vom Alter her hätte er mein Großvater sein können. Bevor er starb, hatte er einen Schlaganfall und war verwirrt, was mich verunsicherte. Daher vermisste ich ihn nicht so sehr.

Meine Mutter musste arbeiten, um die Familie durchzubringen und hatte nicht viel Zeit für mich. So wuchs ich ziemlich allein auf. Zwar hatte ich recht guten Kontakt zu meinen Schulkolleginnen, aber da meine Geschwister fünf bis neun Jahre älter waren und andere Interessen hatten, war der Kontakt zu ihnen weniger intensiv. Dennoch hatten wir durchaus unseren Spaß. Meine älteren

Ein weiteres bezeichnendes Erlebnis war, als ich zu Weihnachten ein Bilderbuch bekam, das das Werden und Vergehen der Blumen und Käferwelt zeigte: Im Herbst gingen die Blumenkinder vom Sturm gejagt unter die Erde zur Wurzelwelt der Mutter Erde. Dort wurden die Blumen der Blumenkinder wieder neu angemalt, auch die Flügel der Käfer, sodass sie im Frühling die Erde wieder frisch verlassen konnten. Das faszinierte mich so sehr, dass ich unter dem Christbaum das Osterlied „Halleluja, lasst uns singen, denn die Freudenzeit ist da" sang, natürlich zur Belustigung meines Bruders, was mir aber völlig egal war.

Unsere Mutter bereitete uns immer ein zauberhaftes Weihnachtsfest, obwohl die Mittel sehr begrenzt waren. Auch konnte sie kochen, nähen und stricken, sodass wir immer gut gekleidet waren. Wir fühlten uns nie arm, obwohl das Geld äußerst knapp war.

In der 5. Klasse zog ich mit meiner Mutter zu meiner ältesten Schwester, die schon verheiratet war und Kinder hatte. Von da an fand ich meinen Platz nicht mehr und spielte in der Schule den Clown. Den Lehrer empfand ich als ungerecht, weil er weniger intelligente Kinder schlug, wenn sie nicht die Leistung erbrachten, die er erwartete. In der ersten Sekundarschulklasse verliebte ich mich zum ersten Mal in einen Lehrer. Später merkte ich, dass ich mich immer in viel ältere Männer verliebte und dachte, ich hätte einen Vaterkomplex.

Nach der Sekundarschule gingen ich und 3 andere Schweizerinnen an ein Institut nach Frankreich, um dort für die Internatsschüler abzuwaschen und zu putzen. Auf dem Pausenplatz standen WC-Häuschen und daneben ein Kübel Wasser. Diese WCs ohne Spülung waren dauernd verstopft und wir mussten die Rohre, in der einen Hand den Wasserschlauch und mit der anderen die Nase zuhaltend, durchspülen. Dafür bekamen wir gratis ein paar Lektionen französisch. In dieser Zeit wurde mir bewusst, dass ich einmal andern helfen wollte. Ich wusste aber damals noch nicht recht wie und machte zunächst eine Lehre in einer Apotheke. Bald fing ich daneben an, mich auf die Matura auf dem zweiten Bildungsweg vorzubereiten. Nach bestandener Maturitätsprüfung ging ich zuerst an die ETH und machte das 1. Propädeutikum für Pharmazie und anschließend das für Medizin. Da ich alle erforderlichen Fächer absolviert hatte, wechselte nun zur Medizin.

Weil ich depressiv wurde und eine mir nicht verständliche Angst vor Männern verspürte, entschied ich mich für eine Psychoanalyse. Trotz meiner Ängste hatte ich zugleich eine große Sehnsucht nach Liebe. Und natürlich verliebte ich mich wieder in einen 22 Jahre älteren Dozenten. Zu dieser Zeit herrschte gerade die neue, befreiende Ethik: Man solle tun, was man nicht lassen könne, aber es gelte, dafür die Verantwortung zu übernehmen.

Mein Analytiker empfahl mir, meine Liebe zu gestehen, was ich denn auch tat. Dieser Mann war die große Liebe meines Lebens, ich vergötterte ihn. Wir beide hatten eine solche Beziehung noch nie zuvor geführt und machten ab, dass jeder aussteigen könne, wenn es für ihn zu schwierig würde. Er war verheiratet und wir konnten unsere Liebe nur sehr eingeschränkt leben. Aber ich fühlte mich sehr geborgen mit ihm, erlebte einen zärtlichen und doch sehr männlichen Mann, dem ich völlig vertrauen konnte. Ich wollte nicht, dass er sich scheiden lässt – das hätte zu viele Schuldgefühle in mir ausgelöst.

Wir hatten eine leichte und spielerische Beziehung, konnten aber auch tiefe Gespräche miteinander führen, in denen wir unsere Ideen und

Erfahrungen austauschten. Wenn ich fantasierte, wie es wohl wäre, wenn ich mit ihm zusammenleben würde, überkam mich immer eine Angst, ich würde vereinnahmt werden, wäre unglücklich, wie gefangen und unterdrückt. Ich merkte jedoch, dass das nichts mit ihm zu tun hatte. Diese Angst war mir völlig unverständlich. Zumeist blieb sie mir verborgen und steuerte mich unbewusst. Ich wusste, dass ich nicht so ein Leben leben wollte, wie meine Mutter es gelebt hat: Arbeiten bis zur Erschöpfung und vom Mann zu wenig geliebt und unterstützt zu werden. Aber das musste ich ja nicht, es zwang mich niemand dazu. Ich kapierte nicht, dass die „Gefängnistüren" offen waren und niemand mich daran hinderte, hinauszugehen. Diese Angst war mir zwar bewusst aber auch völlig unverständlich. Sie schlich sich in mein Bewusstsein, wie eine Spukerscheinung.

Auch hatte ich große Angst davor schwanger zu werden, obwohl ich mir zugleich ein Kind mit ihm vorstellen konnte.

Ich wusste, dass diese Beziehung für mich keine Zukunft hatte, und versuchte immer wieder, mich zu lösen. In den 10 Jahren unseres Zusammenseins trennten wir uns ein paarmal für kurze Zeit und brachten es doch nicht fertig, die Trennung aufrechtzuerhalten. Schließlich trennte ich mich aber doch, nicht zuletzt auf Druck meiner Mutter, endgültig.

Viel später traf ich einen Kollegen, der Interesse an mir zeigte, aber auch verheiratet war. Ich hatte damit begonnen, einen Roman zu schreiben, den ich ihm zum Lesen gab. Danach ließ er mich fallen, wie eine heiße Kartoffel. Wie ich aus seinen Bemerkungen heraushörte, war er eifersüchtig auf den Helden des Romans. Er hatte das Gefühl, er sei nicht mein Traummann. Bald fing er an, mich vor andern bloßzustellen. Er machte andere gerne herunter. Es war eine Katastrophe und ich konnte nicht fassen, warum ich nie dem richtigen Mann begegnete.

Es gab noch einen andern Mann, der mich anzog. Aber ich merkte, dass ich mich zurückzog, wenn es darauf ankam. Auch bemerkte ich einmal, dass ich auf eine Art mit ihm blödelte, wie ich es früher mit meinem Vater gemacht habe. Er hatte den Eindruck, ich nehme ihn nicht ernst und mir wurde klar, dass ich auf diese Art nicht mit Männern umgehen wollte.

Im Laufe der Zeit spürte ich immer mehr eine Wut und einen Hass auf Männer. Zugleich hatte ich das Gefühl, doch selbst für mein Leben verantwortlich zu sein. So begab ich mich auf die Suche danach, was es für mich zu lernen gab. Ich suchte in Büchern nach dem Sinn meiner Situation, dachte viel über die Liebe nach und über den Sinn des Lebens. Ich beobachtete, dass diese Männer mir immer etwas spiegelten, was auch in mir war oder ich gerade dabei war, mühsam abzulegen – im Positiven wie im Negativen. Ich wollte nicht, dass andere heruntergemacht werden, meine eigenen Werte waren mir aber zu wenig bewusst. Ich hatte den Eindruck, mich im Kreis zu drehen. Eigentlich war ich zufrieden mit meinem Leben, nur das Thema „Männer" wurde zu einem roten Tuch.

Eines Tages erfuhr ich von einem Medium, das tief in die Seele blicken könne und eine echte Verbindung zur geistigen Welt habe, und das sich bei einer Bekannten als sehr hilfreich erwiesen hatte. Irgendwie vermutete ich, meine Ängste könnten etwas mit meinem Vater zu tun haben. Vor Jahren hatte ich einmal von einem blutigen Streit mit meinem Vater geträumt. Auch fiel mir auf, dass ich immer Angst hatte, jemand, den ich liebe, würde sterben und ich sei schuld. Ich konnte mir das aber nicht erklären. Mit Ödipus kam ich hier nicht weit. Meinem Vater gegenüber hatte ich absolut keine Schuldgefühle.

Ich dachte, ich könne ja nichts verlieren, wenn ich es mit dem Medium mal versuchen würde. Dennoch war ich bei diesem Gedanken sehr skeptisch.

Zu meinem großen Erstaunen sagte das Medium, mein Vater sei in einem früheren Leben mein Mann gewesen. Es sei jedoch eine sehr unglückliche Beziehung gewesen. Die Liebe habe gefehlt und ich hätte einen Freund gehabt. Diese Freundschaft sei aber von einem Nachbar verraten worden. Der Freund hätte mich fallen gelassen. Zu allem Unglück stellte sich zudem heraus, dass ich schwanger sei. Ich hätte das Kind gewollt, wurde aber gezwungen, es abzutreiben. Hätte ich mich dagegen aufgelehnt, wäre ich getötet worden. Die Abtreibung sei eine sehr schmerzhafte und blutige Sache gewesen (ohne die heutige Medizin), die ich kaum ertragen konnte. Ich schwor einen Eid, dass ich nie mehr einen Mann an mich heranlassen würde. Das heißt, ich schwor, keinen Mann mehr zu lieben!

Mir fiel es wie Schuppen von den Augen. Endlich verstand ich. Ich war früher einmal bei einer

Schamanin, die sagte, ich hätte mein Sexualchakra mit einer strahlend weißen Platte wie abgeschlossen. Sie glaube, es sei ein Schutz. Ich hätte es aber jetzt zugelassen, es zu öffnen. Ich verstand das damals nicht, aber jetzt sehe ich, es war offenbar die Folge meines Eids. Ich war enorm erleichtert, weil ich jetzt mein ganzes Leben viel besser verstand. Es war wie eine Erlösung. Ich verstand auch meine Wut, meine Angst. Der Kollege, der mich mobbte, erschien mir immer wie ein Verräter (obgleich er auch viele gute Eigenschaften hatte). Das Medium sagte mir, dieser Mann sei der damalige Verräter gewesen, und der andere mein Freund, der mich damals fallen ließ.

Ich hatte dauernd meine unbewusste Vergangenheit reaktiviert. Dabei fühlte ich mich gezwungen, mein Leben immer wieder zu hinterfragen und habe mein Bewusstsein beträchtlich erweitert. Diese Erkenntnis war die Krönung meines Lebens. Jetzt wusste ich endlich, was ich zu tun hatte, was mich das Leben lehren wollte. Verzeihen, auch mir verzeihen, Verständnis haben für das, was wir noch nicht gewusst haben und nicht immer bewerten. Der Mangel an Liebe zeigte mir die Bedeutung der echten Liebe. Unbewusst wollte ich mich nie richtig einlassen. In meinem unbewussten

Speicher befanden sich folgende negativen Glaubenssätze: Männer sind furchtbar und gefährlich, ich darf mich daher auch nicht als weibliche, verführerische Frau fühlen. Hüte dich vor Männern und Kindern, die sie dir machen könnten, das wäre dein Untergang. Im Unbewussten war im Hintergrund immer eine Ablehnung gegen diese Unterdrücker vorhanden.

Aus diesem Grund ließ ich mich auch nur bei gebundenen Männern etwas ein. Dort gelang es mir, weil es „ungefährlich" war. Auch der Ursprung meiner Angst, dass jemand sterben könnte, wenn ich liebe, war mir jetzt klar. Ich wollte das Kind und fühlte mich schuldig. Ein solcher Eid, wie ich ihn in diesem früheren Leben abgelegt hatte, war verständlich, aber natürlich nicht die Lösung. Es gab einige Details aus meinem jetzigen Leben, die ich ganz klar einordnen konnte. Ich musste erleben, was die Folge eines so schwerwiegenden Eids ist. Aber nicht als Strafe, sondern als Nährboden für Erkenntnis und Wachstum.

Das Leben kann noch so schön sein, aber ohne Liebe und Nähe fehlt etwas Wesentliches. Das Medium sagte auch, ich hätte diese Erfahrungen gewollt. Tatsächlich haben sie mich weitergebracht.

Sie haben mir gezeigt, worauf es wirklich ankommt im Leben und dass das Leben ewig ist. Und ich bin froh, nicht aufgegeben zu haben. Ich wusste ja auch, durch meine spirituellen Erlebnisse, dass ich mein Leben erfüllen wollte. Und die haben mir auch geholfen, durchzuhalten.

Ich habe aber auch gewisse Talente, die ich mir in früheren Leben erarbeitet hatte, mitgenommen. So hatte ich die Möglichkeit, auf verschiedene Art kreativ zu sein – und doch unterdrückten diese Ängste mein Bestreben, ganz sein zu können. Ich unterdrückte mich selbst. Es ist wichtig, dass man diese Ängste ausfantasiert, auch wenn sie einem absurd vorkommen. Nur so lassen sich neue Programme schaffen.

Aber auch wenn man viel weiß, braucht es Übung und Zeit zur Umsetzung. Alle unbewussten Programme im unbewussten Speicher mussten erkannt werden. Das bringt manchmal gewisse Ermüdungserscheinungen mit sich. Mein nächstes Leben wird sicher ganz anders verlaufen. Ein kleineres „Arbeitspensum", an diesen Gedanken will ich mich dann auf jeden Fall erinnern.

Vom psychologischen Standpunkt aus betrachtet war meine Ausgangsposition sicher nicht einfach.

Zur gleichen Zeit gab es viele Kinder, die es in diesem Leben viel schwieriger hatten. Meine Aufgabe war es, das Unbewusste bewusst zu machen, für mich und auch für andere. Nicht jeder hat in jedem Leben so viele karmische Beziehungen. Das hängt vom Lebensprogramm ab.

Aber zuerst werde ich dann das „Zuhause" erst einmal genießen. Offenbar hatte ich mich auf diese Inkarnation auch gut vorbereitet, denn eine intuitive Frau sagte mir einmal, ich sei in eine schwierige Situation hinein geboren worden, aber man hätte geglaubt, ich sei jetzt stark genug. Mit dieser Aussage konnte ich damals nicht so viel anfangen. Und ich kann mir auch vorstellen, dass ich nicht so viele „Runden" geplant habe. Etwas weniger Drama wäre mir schon lieber gewesen. Aber das Ausführen ist immer etwas schwieriger als das Planen.

Meine Erfahrung hat mir sehr viele Erkenntnisse über das Funktionieren des Unbewussten unserer Psyche geschenkt, und über die Auswirkung falscher Programme, aber auch über unsere Beziehung zum Göttlichen, über die Kerninhalte der Religionen und über den Sinn des Lebens. Ich habe viel über die Liebe nachgedacht, und wurde auch durch die Liebesdramen in der Geschichte und in der Musik zum Nachdenken angeregt. Als ich z. B. einmal die Oper Eugen Onegin hörte, fragte ich mich, warum Onegin Tatjana erst liebte, als sie das Glück eines andern war. Ich stellte unter anderem fest, dass uns immer etwas anzieht, das wir auch haben oder sein möchten. Plötzlich ging mir auf, dass wir dann ja immer uns selber suchen und lieben, was allerdings zuerst eine Enttäuschung für mich bedeutete. Dann erkannte ich aber durch die Erfahrung der Verbundenheit mit allem, dass das eigentlich logisch ist: Wir sind ja alle aus dem gleichen Stoff und Geist, daher machen wir Menschen uns durch die Spiegelung miteinander selbst bewusst, und nach allen Irrtümern werden wir uns schließlich unserer Göttlichkeit bewusst. Das wollte uns schon Jesus sagen: „Ihr seid Götter."[59]

Ich habe mein Bewusstsein mit tiefen psychischen Erfahrungen und Spiegelung von Beziehungsproblemen erweitert, die zur Folge hatten, dass ich mir auf verschiedenen Gebieten sehr viel Wissen angeeignet habe, mich langsam befreien konnte und diese Prozesse sehr tief verstand. Die Orthopädin Mary C. Neal hat durch Erfahrungen mit Knochenbrüchen bei eigenen Unfällen und Nahtoderfahrung ihr Bewusstsein erweitert. Jill B.

Taylor, Hirnforscherin, hat durch einen Schlaganfall in ihrer linken Hirnhälfte ihr Bewusstsein erweitert. Das finde ich spannend und kann es jetzt auch ein bisschen mit Humor sehen. Diese Spezialisten wollten offenbar auch durch eigenes Erleben anderen besser helfen können.

Ich glaube aber, jeder macht dort, wo er ist – zuhause, an seinem Arbeitsplatz und in den persönlichen Beziehungen – Erfahrungen, die er braucht, um sich zu entwickeln.

Mein Freund, den ich sehr liebte, war vor einigen Jahren gestorben. Ich suchte ein Medium auf, das sich auf Jenseitskontakte spezialisiert hatte. Es konnte einen Kontakt herstellen. Mein Freund gab sich zu erkennen anhand von Dingen, die nur ich wusste. Er meinte, er sei mit seinem jetzigen Wissen ein Meister seines Faches, aber die Leute in der physischen Welt würden das nicht verstehen. Er war sehr begeistert von der anderen Dimension. Und er wiederholte sein Versprechen, mich abzuholen, wenn es denn soweit sei. Er ermutigte mich aber, jetzt ein neues Glück zu erleben und meine Vergangenheit, die mich müde gemacht hat, loszulassen. Er teilte dem Medium auch mit, dass er gespürt hätte, dass ich in letzter Zeit viel an ihn gedacht hätte (wegen des Projekts, Nahtoderfahrungen zu erforschen und zu thematisieren), und dass ich sehr viel wisse, nicht nur durch meine Erfahrungen. Das erstaunte mich ziemlich. Das Medium wusste nicht, was für ein Projekt das war und war gespannt, das zu hören nach der Sitzung. Mein Freund meinte, er sei nur einen Gedanken weit von mir entfernt, und er sei immer noch er. Das Medium sah ihn, konnte ihn beschreiben, sah z. B., wie er einen Brief an sein Herz drückte und fragte mich, ob ich noch etwas von ihm hätte. Das konnte ich bejahen. Ich hatte einen Brief von ihm in der Tasche.

Bei einigem, was das Medium sagte, verspürte ich Zweifel. Glücklicherweise nahm das Medium die Sitzung auf CD auf, sodass ich alles zu Hause in Ruhe nochmal anhören konnte. Und je häufiger ich den Mitschnitt der Sitzung hörte, desto mehr verstand ich – z. B., dass meine Zweifel den Kontakt erschwert hatten. Mit diesem lieben Freund hatte ich zum Glück kein negatives Karma. Er hat mir geholfen, den Glauben an die Liebe nicht zu verlieren. Auch die andern beiden haben mir, ohne dass sie es wussten, geholfen, meine unbewussten Einstellungen Männern gegenüber zu erkennen und sie schließlich, mit Hilfe des Mediums, aufzulösen.

Wir wussten nicht immer, was wir taten, aber wir alle taten, was wir konnten. Wir spielten unsere Rollen, wenn auch lange Zeit sehr unbewusst. Obwohl ich das Gesetz der Resonanz gekannt habe, konnte ich die Zusammenhänge nicht immer erkennen. Nur mit dem Kopf zu verzeihen, reicht nicht aus. Wir müssen von Herzen verzeihen. Nicht bewerten, sondern verstehen – ich bin dabei, das einzuüben.

Meinem Vater zu verzeihen war noch schwieriger, weil er in diesem Leben sehr wenig anwesend war, und die Rolle, die er in einem früheren Leben spielte, konnte ich nur erahnen. Ich spürte praktisch keine Gefühle mehr ihm gegenüber. Und auch mir selber zu verzeihen war auch wichtig.

Ich glaube, wir sind wirklich mutige Seelen, dass wir uns für ein Leben in der Dualität und Getrenntheit entschieden haben.

Die Männer spiegelten mein eigenes Inneres, meinen ganzen unbewussten Speicher. Ihre Ablehnung spiegelte meine eigene unbewusste Ablehnung. Es ist unglaublich, wie hartnäckig das „Nein" im Unterbewusstsein wirkt.

Mir leuchtet es ein, dass wir diese Erfahrungen nur auf der materiellen Ebene machen können, in der Illusion der Getrenntheit. Im Jenseits sind wir immer in der Liebe und spüren die Verbundenheit mit allem. In diesem Zusammenhang fällt mir das Gleichnis vom verlorenen Sohn ein. Als der Sohn nach langer Abwesenheit nach Hause kommt, ist der Vater so voller Freude und Mitgefühl, dass er für ihn ein großes Fest arrangierte. Der zweite Sohn, der immer zu Hause war, verstand das nicht. Wir werden nur wissend durch Erfahrung! Und die große, geistige Arbeit, die wir Menschen leisten, ist der Weg vom Kopf zum Herz – und der ist manchmal sehr lang. Das hat wahrscheinlich auch damit zu tun, dass unsere falschen Schlüsse, die wir bei Verletzungen oft ziehen (z. B. „Ich bin nichts wert!") in den Spiegelneuronen der linken Hirnhälfte gespeichert sind. Bei ähnlichen Erfahrungen kommen alle diese gespeicherten falschen Schlüsse wieder hoch. Deshalb kann es dann auch zu Überreaktionen kommen. Interessanterweise hat Jill B. Taylor beim Training zum Aufbau ihrer linken Hirnhälfte nach dem Schlaganfall beobachtet, dass sich auch die falschen Muster, die sie erkannt hatte und gar nicht mehr wollte, wieder bemerkbar machten. Sie hat danach gesucht, wie man diese falschen Schlüsse schneller wieder loswerden könnte und ist darauf gekommen, dass sie sich immer wieder für den Frieden der rechten Hirnhälfte entscheiden möchte. Sie meinte, dass die physiologische Reaktion auf Wut mit der Ausschüttung von Hormonen nur etwa 90 Sekunden dauern würde, dann könne man sich wieder für die Gefühle entscheiden, die man haben wolle. Aber das geht nicht von selbst, es muss trainiert werden.

Ich kann mir vorstellen, dass ein Eid etwas sehr Hinderliches ist, vor allem, wenn er das Programm, sich nicht mehr mit Männern oder Frauen zu verbinden, unbewusst steuert. Ich fragte mich, ob ich auch ohne Medium hätte dahinter kommen können. Das, was uns passiert, hat ja immer eine Resonanz mit unserem Inneren. Wir lernen uns dadurch kennen, respektive die Programme, die uns behindern. Vielleicht hätte ich es gekonnt, wenn es mir eher möglich gewesen wäre, zu verzeihen.

Ich glaube, jedes Kind in der Familie bekommt die Aspekte der Eltern und der Umstände als Prägungen, die es für seine Lebensaufgabe und für sein Lernprogramm braucht. In der Regel kommen die Kinder ja eher etwas weiter, als die Eltern und führen damit die Entwicklung der Familiengruppe fort.

Ich glaube, das größte Problem von uns Menschen ist unser Minderwertigkeitsgefühl. Jeder Mensch hat seine Mängel und Schwächen, daher ist er oft unbewusst interessiert daran, möglichst gut zu sein. Nichts verletzt ihn so, als das anzuzweifeln. Wir alle sind aber von Kopf bis Fuß und in unserem Geist aus der Substanz des Schöpfers. Den vermeintlichen Minderwert entwickeln wir, weil wir das nicht mehr wissen und erfahren. Doch jeder Mensch ist wertvoll und mutig, weil er sich in die Beschränkung der physischen Welt begeben hat. Wenn wir in der Liebe und Freude oder Dankbarkeit sind, sind wir unbewusst eins mit der Quelle. Das ist so leicht dahin gesagt, aber das ist ein Schlüssel. Wenn wir uns minderwertig fühlen, befinden wir uns in unserem Ego, das geprägt ist von Irrtümern und Beschränkungen der materiellen Welt.

Wir strahlen das aus, was wir fühlen, und ziehen das auch an. Wenn wir uns unbewusst gewisse Gefühle verbieten, können die auch nicht gelebt werden. Es ist wichtig, dass wir uns bewusst werden, was für Gefühle wir erfahren wollen. Sobald wir diese Gefühle dann in uns wachsen lassen, ziehen wir Situationen an, in denen wir sie erleben können. Aber zuerst müssen sie in uns sein, erst dann werden sie uns auch gespiegelt.

Es zeigt sich auch immer wieder, dass wir Opfer-Täter-Spiele spielen, bis wir alles durchschauen. Wenn wir verzeihen können, und wagen, wir selbst zu sein, lösen wir die falschen Muster auf – in uns aber auch in allen Beteiligten. Es geht immer darum, dass wir die Liebe erkennen. Wenn wir in unserem göttlichen Sein sind, ist Liebe der Normalzustand, wir kennen dann gar nichts anderes. Durch die Leben in einem Körper erkennen wir, wie es sich ohne Liebe anfühlt. Dabei ist es für uns häufig sehr schwer, die Vision der Liebe nicht aus den Augen zu verlieren. Wir haben uns offenbar entschlossen, diese Erfahrungen in der materiellen Welt zu machen, um schlussendlich in der Materie unser wahres göttliches Selbst zu entdecken. Und weil wir, wie der verlorene Sohn, den Weg angefangen haben, gehen wir ihn nun auch zu Ende. Auch der verlorene Sohn ist eines Tages wieder nach Hause gekommen. Und sein Vater hat ihn willkommen geheißen und vor Freude geweint.

Wir lernen lange durch Leiden, durch die Spiegelung unserer unbewussten Programme, später durch Achtsamkeit unseren Gefühlen gegenüber und die Entscheidung für die Liebe.

Es ist schon so, wie Mary C. Neal schreibt: Wir machen nur Fortschritte im Leben, wenn sich uns Probleme in den Weg stellen, die wir lösen müssen. Wenn es uns gut geht, genießen wir einfach das Leben. Ich glaube, dass eine Zeit kommen wird, in der wir ohne Leiden lernen können. Aber das wird erst der Fall sein, wenn wir uns von gewissen psychologischen, philosophischen, naturwissenschaftlichen und theologischen Irrtümern befreit haben.

Es war auch interessant, durch das Medium in Kontakt mit meiner Mutter zu kommen. Das Medium beschrieb sie zu Beginn mit einem Wort, das ich zuhause oft gehört hatte: Exakt. Meine Mutter wollte immer, dass wir exakt arbeiten, damit man uns einmal brauchen könne.

Auch sagte das Medium, dass meine Mutter auf ihren Kopf zeige. Sie wolle damit sagen, dass mit ihrem Kopf etwas nicht stimmte. In der Tat litt meine Mutter an Demenz.

Das Medium erklärte darüber hinaus, meine Mutter hätte mir nicht so zeigen können, wie lieb sie mich hatte, da sie mit sich selbst und dem Versorgen der Familie beschäftigt war. Das sei aber keine Entschuldigung. Wie sehr sie mich liebte, drückte das Medium mit einem für meine Mutter typischen Wort aus, das nicht dem Dialekt und der Sprechweise des Mediums entsprach.

Weiter ließ sie mir mitteilen, ich würde einen direkten Weg gehen, und das sei gut. Meine Mutter wurde streng religiös erzogen und litt darunter. Von dieser Vergangenheit konnte sie sich nicht lösen. Diese Worte haben mich sehr erstaunt. Ich gehe tatsächlich einen überkonfessionellen Weg. Sie habe sich befreit von gewissen Vorstellungen und Zwängen. Sie könne jetzt alles freiwillig machen. Ich war sehr froh zu wissen, dass es meiner Mutter gut ging.

Was sich hinter den Kulissen der Welt abspielt, ist grandios.

Ich hoffe, einigen, die ähnliches erfahren haben, dabei zu helfen, ihr Leben besser zu verstehen.

Wir können uns immer wieder für Freude und Liebe entscheiden. Es gibt eine Verbindung zum Urgrund unseres Seins, auch wenn wir sie vergessen haben.

Nachwort

Das Universum ist ein großer Gedanke, sagen einige Physiker.

Die experimentellen Erkenntnisse von Dr. Volkamer und die neue Quantenphysik können die Nahtoderfahrungen auch wissenschaftlich verständlicher machen. Heim, Volkamer, Charon, König und Muheim – sie alle tragen einen entscheidenden Teil zum Verständnis bei.

Ich glaube, die Realität ist komplex und einfach zugleich. Das wusste ich noch nicht, als ich begann, über dieses Thema zu schreiben.

Jeder Mensch, der eine Nahtoderfahrung mit einer nachhaltigen Bewusstseinserweiterung gemacht hat, ist überzeugt vom Leben nach dem Tod. Was Millionen von Menschen gleichermaßen erlebt und als Wahrheit erkannt haben, ist real, es ist eine archetypische Erfahrung.

Um die Grundlagen allen Seins zu erforschen, bräuchte es außer den Pionieren der Nahtoderforschung wie Moody, Kübler-Ross, van Lommel etc. ein Team aus Natur- und Geisteswissenschaftlern. Wenn man offiziell die Geistigkeit des Universums anerkennen würde, würde das zu ganz neuen Schwerpunkten und Perspektiven für das Leben beitragen. Angesichts der zerstörerischen Extreme auf der Welt wäre das dringend nötig.

Danksagung

Für die Abdruckbewilligung möchte ich insbesondere dem Santiago Verlag, Gosch, dem Francke Verlag, Marburg an der Lahn, dem Randomhouse.de, dem Patmos Verlag und dem Anthos Verlag in Weinheim danken. Außerdem danke ich Tao.de (Kirstin Dreimann), den Lektoren Ina Kleinod und Stephan Bartlakowski, ohne die das Buch nicht zustande gekommen wäre. Auch möchte ich Pim van Lommel ganz herzlich danken für seine große Arbeit in der Erforschung von Nahtoderfahrungen und für seine Unterstützung.

Literatur

Atwater, P. M. H.: *Rückkehr vom Licht*, Santiago Verlag, 2012

Binggeli, Bruno: *PRIMUM MOBILE*, Ammann Verlag, 2006

Bitterli-Fürst, Bruno: *Tod und Leben*, Ravare, 2009

Bauer, Joachim: *Warum ich fühle, was du fühlst: Intuitive Kommunikation und das Geheimnis der Spiegelneurone*, Heyne Verlag, 2006

Brunner, Beatrice: *Was uns erwartet*, ABZ Verlag Zürich, 2012

Champdor, Albert: *Das Ägyptische Totenbuch*, Ex Libris, 1979

Coppes, Christopher: *Der Himmel ist ganz anders*, Aquamarin Verlag, 2012

Czycholl, Dietmar: *Als ich am gestrigen Tag einschlief ...*, Genius Verlag, 2003

Piper, Don & Murphy, Cecil: *meine 90 Minuten im Himmel*, Random House, 2012

Elsaesser-Valarino, Evelyn: *Engelchens Land*, Santiago Verlag, 2004

Elsaesser-Valarino, Evelyn: *Erfahrungen an der Schwelle des Todes*, Ariston, 1995

Edward, John: *Ein letztes Mal*, Arkana Goldmann, 2002

Ewald, Günter: *Auf den Spuren der Nahtoderfahrungen. Gibt es eineunsterbliche Seele?*, Butzon & Bercker, 2012

Ford, Arthur: *Bericht vom Leben nach dem Tod*, Knaur, 1980

Guggenheim, Billy & Judy: *Trost aus dem Jenseits*, Scherz Verlag, 2010

Klügel, Gerhard & Fritze, Tom: *Quantenland*, Arkana, 2012

König, Michael: *Das Urwort*, Scorpio Verlag, 2010

Kübler-Ross, Elisabeth: *Was der Tod uns lehren kann*. Knaur, 2010

Kübler-Ross, Elisabeth: *Über den Tod und das Leben danach*, Silberschnur, 1984

Long, Jeffrey mit Perry, Paul: *Beweise für ein Leben nach dem Tod*, Goldmann, 2010

Morse, Melvin & Perry, Paul: *Zum Licht. Was wir von Kindern lernen können, die dem Tod nahe waren*, Goldmann Verlag, 1994

Mitchell, Edgar: *Wege ins Unerforschte*, Lüchow Verlag, 1997

Moody, Raymond A.: *Leben nach dem Tod*, Ex Libris, 1980

Netherton, Morris & Shiffrin, Nancy: *Bericht vom Leben vor dem Leben*, Scherz Verlag, 1979

Neal, Mary C.: *Einmal Himmel und zurück* Allegria Verlag, 2013

Penfield, Wilder: *The Mystery of the mind: A critical Study of Consciousness and the Human Brain*, Princeton University Press, 1975

Ring, Kenneth: *Den Tod erfahren, das Leben gewinnen*, Ex Libris, 1987

Servaty, Alois und Nicolay, Joachim: *Nahtoderfahrung: Neue Wege der Forschung,* Santiago Verlag, 2009

Silesius, Angelus: *Der Cherubinische Wandersmann*, Diogenes Verlag, 1979

Stead, Estelle: *Die blaue Insel*, Artha Verlag, 11. Auflage

Steiner, Rudolf: *Das Sonnenmysterium und das Mysterium von Tod und Auferstehung*, Verlag Rudolf Steiner, 1963

Das Tibetanische Totenbuch, Walter Verlag, 1971

van Laack, Walter: *Schnittstelle Tod: Aufbruch zu neuem Leben?*, Van Laack, 2012

Verweise

[1] Hedi Meierhans, Ein neues Buch zu Nahtoderfahrungen, Schweizerische Ärztezeitung (saez.ch), Ausgabe, 27–28/2012

[2] http://www.aphorismen.de/zitat/62488

[3] http://www.poeteus.de/autor/Albert-Einstein/2

[4] Pim van Lommel, Endloses Bewusstsein – Neue medizinische Fakten zur Nahtoderfahrung, 2011, Patmos, S. 33

[5] Pim van Lommel, ebd. S. 37–38

[6] Barabara Rommer, Der verkleidete Segen, Santiago Verlag, 2004, Seite 194–195

[7] Kenneth Ring und E. Elsaesser-Valarino, Was wir aus Nahtoderfahrungen für das Leben gewinnen, Santiago Verlag, 2009, S. 211–212

[8] Howard Storm, Mein Abstieg in den Tod, Santiago Verlag, 2008, S. 17–25

[9] Helen Greaves, Zeugnis des Lichts, Anthos Verlag, 1982

[10] Barbara Rommer, Der verkleidete Segen, Santiago Verlag, 2004, S. 99

[11] Dr. Jeffrey Long, Beweise für ein Leben nach dem Tod, Arkana Verlag, 2010, S. 45–46

[12] Dr. Jeffrey Long, ebd. S. 73

[13] Anita Moorjani, Heilung im Licht, Arkana Verlag, 2012

[14] Helen Greaves, Zeugnis des Lichts, Anthos Verlag, 1982

[15] Kenneth Ring und Evelyn Elsaesser-Valarino, Was wir aus Nahtoderfahrungen für das Leben gewinnen, Santiago Verlag, 2009

[16] George Ritchie & Elizabeth Sherrill, Rückkehr von morgen, Francke Verlag, 2010, S. 45–46

[17] Howard Storm, Mein Abstieg in den Tod, Santiago Verlag, 2008, S. 32–33

[18] Sir James Jeans, Der Weltraum und seine Rätsel, List Verlag, 1931, S. 209

[19] Vgl. Helen Greaves, Zeugnis des Lichts, Anthos Verlag, 1982

[20] Rudolf Steiner, Das Sonnenmysterium und das Mysterium von Tod und Auferstehung, Rudolf Steiner Verlag, 2006

[21] Angelus Silesius, Cherubinischer Wandersmann, Reclam, 1986

[22] Helvetica Physica Acta 54 (1981)-61 (1988)

[23] Angelus Silesius, Cherubinischer Wandersmann, Reclam, 1986

[24] Aus einem Interview im ORF Nachtstudio, 1981

[25] Kenneth Ring & Evelyn Elsaesser-Valarino, Was wir aus Nahtoderfahrungen für das Leben gewinnen, Santiago Verlag, 2009, S. 50–52

[26] George Ritchie & Elizabeth Sherrill, Rückkehr von morgen, Francke Verlag, 2010

[27] Kenneth Ring & Sharon Cooper, Wenn Blinde sehen, Santiago Verlag, 2011, S. 39–44

[28] George Ritchie & Elizabeth Sherrill, Rückkehr von morgen, Francke Verlag, 2010

[29] Eben Alexander, Blick in die Ewigkeit, Ansata Verlag, 2013

[30] Kenneth Ring & Evelyn Elsaesser-Valarino, Was wir aus Nahtoderfahrungen für das Leben gewinnen, Santiago Verlag, 2009, S. 61–62

[31] Anita Moorjani, Heilung im Licht, Arkana Verlag, 2012, Kapitel 7, Teil II: Meine Reise in den Tod und zurück

[32] Sylvie Dethiollaz & Claude Charles Fourrier, Etats modifiés de conscience: NDE, OBE et autres expériences aux frontières de l'esprit, Favre Sa, 2011

[33] Angelus Silesius, eigentlich Johannes Scheffler (1624–1677), deutscher Arzt, Priester und Dichter

[34] Hedi Meierhans, Wo ist das Feuer des Prometheus geblieben? Schweizerische Ärztezeitung (saez.ch), Ausgabe, 47/2002

[35] Hedi Meierhans, Die Zeichen der Zeit erkennen, Schweizerische Ärztezeitung (saez.ch), Ausgabe, 51/2007

[36] Angelus Silesius, Cherubinischer Wandersmann, Reclam, 1986

[37] Joachim Bauer, Warum ich fühle, was du fühlst: Intuitive Kommunikation und das Geheimnis der Spiegelneurone, Heyne Verlag, 2006

[38] Angelus Silesius, Cherubinischer Wandersmann, Reclam, 1986

[39] Helen Greaves, Zeugnis des Lichts, Anthos Verlag, 1982

[40] Werner Heisenberg, Ordnung der Wirklichkeit, Piper Verlag, 1989, S. 59

[41] Melvin Morse & Paul Perry, Zum Licht, Goldmann Verlag, 1994, S. 121

[42] Melvin Morse & Paul Perry, ebd. S. 124–125

[43] John Eccles, Die Evolution des Gehirns – Die Erschaffung des Selbst, Piper Verlag, 1993, S. 389

[44] Eben Alexander, Blick in die Ewigkeit, Ansata Verlag, 2013, S. 251

[45] Jill B. Taylor, Mit einem Schlag, Knaur Verlag, 2008

[46] Pim van Lommel, Endloses Bewusstsein – Neue medizinische Fakten zur Nahtoderfahrung, Patmos, 2011, S. 284

[47] http://www.wendezeit.ch/zitate-ueber-reinkarnation-wiedergeburt-tod-sterben

[48] Klaus Volkamer, Der Segen der Feinstofflichkeit, raum & zeit, Nr. 171, 2011

[49] http://nur-zitate.com/autor/Erwin_Schroedinger

[50] ebd.

[51] ebd.

[52] http://www.sasserlone.de/autor/140/erwin.schroedinger/

[53] http://dreifaltigkeit-altdorf.de/zitate.htm

[54] Klaus Volkamer, Feinstoffliche Erweiterung unseres Weltbildes, Weissensee Verlag, 2007

[55] Michael König, Das Urwort, Scorpio Verlag, 2010

[56] http://www.einsteinjahr.de/page_2749.html

[57] Hedi Meierhans, Die Zeichen der Zeit erkennen, Schweizerische Ärztezeitung (saez.ch), Ausgabe 51/2007

[58] Sibylle Weizenhöfer & Saint Germain, Die Schlüssle fürs Tor zum goldenen Zeitalter, 2007, S. 184, Falk Verlag

[59] Johannes 10, 34–36, Psalm 82, Vers 6